MES MAXI FICHES

ABC du BAC

Pour réviser vite et bien !

Français

1re L.ES.S

NOUVEAU PROGRAMME

Anne Cassou-Noguès
Séléna Hébert
Elsa Jollès

Nathan

Crédits photographiques

p.7 BIS / Ph. © Archives Nathan p.8 BIS / Ph. Josse © Archive Larbor p.11 BIS/ Ph. Studio J.J. Morlan © Archives Larbor p.12 © BIS / Ph. Coll. Archives Nathan p.17 BIS / Ph. H. Josse © Archives Larbor p.18 BIS / Ph. H. Josse © Archives Larbor p.19 BIS / Ph. J. Arland © Archives Larbor p.20 BIS / Ph. H. Josse © Archives Larbor p.23 BIS / Ph. H. Josse © Archives Larbor p.24 BIS / Ph. Guiley-Lagache © Archives Larbor p.27 BIS / Ph. H. Josse © Archives Larbor p.28 BIS / Ph. © Archives Nathan p.29 BIS / Ph. De Selva Coll. Archives Larbor p.30 BIS / Ph. H. Josse © Archives Larbor p.33 BIS / Ph. S. Guiley-Lagache © Archives Larbor p.34 BIS / Ph. H. Josse © Archives Larbor p.35 BIS / © Archives Nathan p.36 BIS / Ph. H. Josse © Archives Larbor p.37 BIS / Ph. H. Coll. © Archives Larbor p.38 © Ph. Coll. Archives Larbor p.41 BIS / Ph. Jeanbor © Archives Larbor p.42 BIS / Ph. H. Coll. © Archives Larbor p.43 BIS / Ph. ©Archives Nathan p.44 BIS / Ph. Coll. Archives Nathan p.47 © BIS / Ph. X – Archives Larbor – DR p.48 BIS / Ph. © Etienne Carjat – Archives Larbor p.51 © Archives Nathan DR p.52 © BIS / Ph. Martinie Coll. Archives Larbor p.57 © Archivo L.A.R.A / Planeta p.58 © Bamberger Helene / COSMOS

Réalisation éditoriale : Raphaëlle Mourey, Rémi Gancel, Pauline Bocquillon
assistés de Béatrice Käser et Julie Langlais
Conception graphique intérieur : Julie Lannes
Frise et schémas : Renaud Scapin, COREDOC
Compositeur : Hekla/Linéale
Couverture : Noir & Blanc

ISBN : 978-209-188109-5

Sommaire

Lue | Relue | Apprise

Histoire littéraire

Genres et objets d'étude

Sommaire

Lue | Relue | Apprise

1 L'humanisme

☐ Lue ☐ Relue ☐ Apprise

mes notes

Mouvement historique et littéraire européen des XVe et XVIe siècles. Son nom vient du latin *humanitas*, culture.

1 Contexte historique

A Redécouverte des textes antiques

- Chute de Constantinople (1453) : des textes antiques grecs et latins oubliés en Occident passent *via* l'Italie, en Europe où des savants (Guillaume Budé, helléniste réputé, 1467-1540) les traduisent en **philologues** et les diffusent (l'imprimerie est née en 1448).
- Rejet du Moyen-Âge, jugé barbare, et de la **scolastique**.
- Découverte de l'art de la Renaissance italienne (XVe) inspiré de l'Antiquité.

Lexique

Philologie : étude scientifique des textes (manuscrits comparés, traduction fidèle).

Scolastique : enseignement au Moyen-Âge (coups, formules stupides, légendes des saints...)

B Grandes découvertes

- Les explorateurs révèlent l'existence de **civilisations inconnues.**
- Il s'ensuit un **bouleversement des conceptions antérieures et des croyances religieuses.**

2 Les thèmes majeurs

A L'homme a une place centrale, la culture est la base de son épanouissement :

- Pédagogie nouvelle :
  - **art oratoire, lettres anciennes, médecine, arts, exercice physique :** ***mens sana in corpore sano*** *(un esprit sain dans un corps sain) ;*
  - **dialogue maître-élève**, émulation, jeu, ouverture sur le monde ;
  - **maîtrise de soi** : indispensable à une vie sociale dans un État.
- Les auteurs assimilent les textes antiques pour créer une vraie littérature : **la Pléiade** (v. fiche 3).
- Création du Collège de France (1530) où l'on enseigne des matières ignorées à l'Université (grec, latin, mathématiques, médecine...).
- **L'homme en littérature :**
  - Réflexion sur le **respect de la personne** (critique de la torture), **le rôle des princes, la relativité des coutumes et des lois, les fondements de la vérité, l'expérience des voyages.**
  - Thèmes mettant l'homme au centre : **la mort, l'amour, la gloire, la nature** dans ses rapports avec l'homme (artificiel/naturel).

mes notes

B La religion

- Meilleure traduction des textes religieux (Érasme), parfois en opposition avec la traduction admise, et redécouverte de données (telles que l'héliocentrisme) contredisant l'enseignement religieux.
- Les guerres de religion du XVIe sont en partie dues à cette activité : les protestants proposent de nouvelles interprétations de la Bible.
- Ces guerres provoquent des doutes sur la nature humaine.

C La politique

- Idéal de **monarchie modérée** fondée sur les mérites de ses membres, refusant les guerres de conquête et s'intéressant intellectuellement aux autres civilisations.
- Nombreuses **utopies** (voir fiche 2).

3 Les grandes œuvres

A Littérature française

- La théorie : **du Bellay**, *Défense et Illustration de la langue française*, 1549 (v. fiche 4)
- Le roman : **Rabelais** (v. fiche 2)
- L'essai : **Montaigne** (v. fiche 2)
- La poésie : **du Bellay, Ronsard** (v. fiche 4) ; Labé ; d'Aubigné

deux auteurs humanistes

Louise Labé (~1524-1566) : poétesse lyonnaise. Ses textes sont influencés par Pétrarque, mais c'est la femme qui aime et souffre et l'homme qui est aimé : ***Élégies et sonnets***, 1555.

Agrippa d'Aubigné (1552-1630) : protestant engagé dans les guerres de religion qui imprègnent ses poèmes : ***Les Tragiques***, 1575 puis 1616.

B Littérature étrangère

- **Érasme**, *Éloge de la folie* (1509). Discours de l'allégorie Folie :
  - satire des grammairiens, des poètes, des grands ;
  - tous les hommes sont fous, surtout s'ils essaient de dompter la folie au lieu de l'accepter comme donnée humaine.
- **Thomas More**, *Utopia* (1516). Description d'une société utopique :
  - travail aimé, biens partagés, tolérance religieuse, vie naturelle douce ;
  - refus de la violence et de la monnaie (échange) ;
  - critique de la société féodale et de l'arbitraire royal.
- **Machiavel**, *Le Prince* (1513). Traité définissant les qualités d'un prince :
  - réalisme politique : se fonder sur les nécessités historiques plus que sur la religion ou la morale.
  - soutien à l'unification italienne.

Michel de Montaigne
(1533-1592)

Lue Relue Apprise

mes notes

Essayiste, philosophe.
Mouvement littéraire : humanisme.

1 Repères biographiques

- **Origines :** né Michel Eyquem, il devient Michel de Montaigne (terre héritée du père). Le latin est sa langue maternelle et il maîtrise le grec. Bonnes études de droit.
- **Vie privée** : conseiller à Périgueux, au parlement de Bordeaux, maire de Bordeaux. Il se lie d'amitié profonde avec **Étienne de la Boétie**, dont la mort le touche particulièrement.

La Boétie (1530-1563)

- Humaniste, juriste, conseiller au parlement de Bordeaux.
- Opposé aux fanatiques catholiques et protestants.
- Traduit les auteurs antiques, écrit des poèmes et le ***Discours de la servitude volontaire*** (1574), contre la tyrannie et pour la liberté, très lu par les Révolutionnaires deux siècles plus tard.

2 Genèse et caractéristiques de l'œuvre

A Œuvres d'autrui. Il publie les œuvres de La Boétie après sa mort. Il traduit ***Théologie naturelle*** de Raimond Sebond, qui inspire un chapitre des ***Essais***.

B Humanisme. Montaigne connaît très bien les auteurs antiques et contemporains. Il adopte la devise sceptique « *Que sais-je ?* » ; sa bibliothèque est célèbre pour ses citations aux plafonds. Il travaille sa vie durant aux ***Essais*** qu'il ne cesse de revoir (différentes versions, donc éditions)

3 Œuvre principale : *Essais* (1580-1592)

- L'auteur fait l'**« essai » de son jugement**, expérimente la réflexion, l'écriture.
- Pas de plan établi, l'œuvre argumente sur tout : raison, sens, âme, corps...
- C'est la première entreprise d'introspection de la littérature française, plus axée sur les pensées que sur les actes.
- Montaigne représente la condition humaine : lui, comme le lecteur, peut ainsi se connaître.
- Dimension autobiographique.

phrases célèbres

- ***« Parce que c'était lui. Parce que c'était moi », « Nos âmes ont marché si uniment ensemble »***
  → au sujet de La Boétie, perçu comme un double
- ***« C'est ici un livre de bonne foi, lecteur. Il t'avertit dès l'entrée, que je ne m'y suis proposé aucune fin, que domestique et privée. […] Ainsi, lecteur, je suis moi-même la matière de mon livre. »***
  → avertissement « Au Lecteur » des *Essais*

François Rabelais
(~1494-1553)

mes notes

Lue Relue Apprise

Romancier • Mouvement littéraire : humanisme

1 Repères biographiques

- **Études :** de père avocat, il étudie le **latin.** Devenu **moine**, il apprend le grec et le droit, puis la médecine. Il traduit des œuvres antiques (traités médicaux d'Hippocrate et Galien).
- **Vie publique :** exerce en hôpital, enseigne la philologie et la médecine. **Ses livres sont condamnés** par la Sorbonne, mais pas interdits car il est protégé par les **du Bellay** (Jean et Guillaume, oncles du poète).

2 Genèse et caractéristiques de l'œuvre

- Rabelais **s'intéresse à tout**. Pour lui, littérature et médecine sont indissociables. **Il fréquente les humanistes.** Il est lié à Budé et Érasme.
- Ses romans sont farfelus, **pleins d'humour et de drôlerie.** Ils attaquent le dogme catholique, réfléchissent sur le gouvernement (d'où ses problèmes avec la Sorbonne). Rabelais signe ses premières œuvres de l'anagramme **Alcofrybas Nasier.**

3 Œuvres principales

A ***Gargantua*** (1534, puis 1542) : vie du géant Gargantua, père de Pantagruel. Récits populaires modifiés selon les idées humanistes.

- **L'éducation** fait du géant un modèle d'humaniste : il apprend et pratique tout, corps et esprit sont unis.
- **Gouvernement** : guerre entre le tyrannique **Picrochole** et **Grandgousier** et son fils Gargantua : droit et pardon nécessaires.
- **Abbaye de Thélème** : **utopie**, vie humaniste entre gens instruits, vertueux, amis.

B ***Pantagruel*** (1534, puis 1542) : reprend les *Chroniques de Gargantua*, conte populaire.

- Satire de l'époque médiévale : écoliers, maîtres, juristes, théologiens piégés par Panurge.
- Goût du langage, dérision. Effet comique du corps monstrueux.

C **Suite :** ***Tiers Livre*** (1546), ***Quart Livre*** (1552) et ***Cinquième Livre*** (1564)

lexique

Utopie : mot créé par Thomas More (*Utopia*, 1516), sur le grec *topos* (lieu), *eu* (bien), *ou* (ne... pas). Lieu idéal qui n'existe pas. Par comparaison, critique de la société réelle.

phrases célèbres

- ***« Rire est le propre de l'homme », Gargantua.***
- ***« Fais ce que voudra », Gargantua***, devise de l'abbaye de Thélème.

La Pléiade

3

Lue Relue Apprise

mes notes

Mouvement littéraire poétique de la seconde moitié du XVIe siècle qui est associé à celui de la Brigade.

info-clé

Ces poètes, admirateurs des Grecs et Latins, veulent doter la France d'une littérature comparable par sa valeur aux œuvres antiques.

1 Contexte historique

A De la Brigade à la Pléiade

- De nombreux jeunes auteurs sont portés par les découvertes de la **Renaissance** et forment un groupe hétérogène appelé **la Brigade**.
- Ronsard distingua dans la Brigade sept auteurs qu'il nomma **la Pléiade** en raison de leur connivence, leur inspiration, leur but.

B La Pléiade

- **Nom** : c'est celui des sept filles d'Atlas dans la **mythologie** grecque. Au IIIe siècle av. J.-C., sept **poètes d'Alexandrie** (alors capitale culturelle du monde grec) prirent ce nom, que Ronsard reprit pour son propre groupe de poètes en **1553**.
- **Poètes** : la liste varie, les plus fréquemment cités sont :
  - les élèves de Dorat (collège de Coqueret) : **Ronsard**, **Baïf**, **du Bellay** ;
  - les élèves de Muret (collège de Boncourt) : **Jodelle**, **La Péruse** ou **Belleau** (remplaçant La Péruse mort) ;
  - **Pontus de Tyard**, Peletier du Mans.
- **Évolution** : si chaque auteur influence le mouvement, rapidement Ronsard devient prédominant. La Pléiade meurt avec les guerres de religion qui divisent ses membres.
- Si le nom de *Pléiade* a perduré, c'est qu'il désigne en fait **une conception poétique commune**.

2 Les thèmes majeurs

A *Imitatio*

- Les auteurs de la Pléiade vouent un **culte aux Lettres antiques** qu'ils cherchent à imiter :
  - **genres littéraires antiques** (odes, épopée…) à la place des formes médiévales ;
  - réactivation des **mythes** ;
  - **références savantes** qui amènent ces auteurs à se citer entre eux, car la **poésie** est perçue comme le **socle premier de la culture**.

mes notes

B *Variatio*

- L'imitation, bien loin d'être servile, se soumet à un souci de **variation des formes, des références, des auteurs cités...**
- L'italien **Pétrarque** trouve alors toute sa place dans cette imitation variée, tout comme la forme nouvelle du **sonnet,** abondamment pratiquée. Il s'agit d'**innutrition**, de s'approprier le texte copié : **créer, c'est en fait recréer ! L'amour** est ainsi un thème majeur, couplé parfois au ***carpe diem*.**

Lexique

Carpe diem : « cueille le jour », citation du poète latin Horace. Invitation à profiter, en raison de la perspective de la mort, du jour présent, notamment, chez Ronsard, des plaisirs de l'amour.

C *Æmulatio*

- Les auteurs entrent en concurrence avec leurs illustres prédécesseurs et recherchent la **gloire** de manière à gagner **l'immortalité** par leurs œuvres.
- Cela demande un **travail** très important que les poètes ont gommé grâce à la théorie des « **fureurs poétiques** » qui les inspireraient, mais qu'eux-mêmes considèrent comme une création littéraire.

Lexique

Fureurs poétiques : source mythique de l'inspiration des poètes de la Pléiade qui s'y réfèrent souvent dans leurs poèmes, tout en défendant le primat du travail dans leurs textes théoriques.

3 Les grandes œuvres

A *Défense et Illustration de la langue française*, de Joachim du Bellay (1549).

- Œuvre considérée comme le **manifeste de la Pléiade** (pas encore née au moment de sa publication pourtant).
- Du Bellay y défend l'idée de la création d'une littérature de haute tenue en langue française grâce à l'imitation des Grecs et des Latins.

B *Odes*, de Ronsard (1550)

- La forme poétique est reprise à l'Antiquité, Ronsard imite des poèmes antiques tout en les adaptant à des destinataires contemporains qu'il loue.
- Mais le poète ne se perd pas lui-même de vue ; c'est bien son nom qui passera à l'immortalité grâce à son œuvre et si certaines des personnes auxquelles il rend hommage sont connues après leur mort, ce mérite lui reviendra aussi.

4

Joachim du Bellay
(1522-1560)

Lue Relue Apprise

Poète • Mouvement littéraire : la Pléiade

mes notes

1 Repères biographiques

- Issu d'une famille noble d'Anjou, du Bellay quitte Poitiers pour suivre Ronsard à Paris au collège de Coqueret où Dorat enseigne le grec.
- **Membre de la Brigade puis de la Pléiade.**
- Il suit son oncle cardinal à Rome en tant que secrétaire et vit ce voyage comme un exil (1553-1558).

2 Genèse et caractéristiques de l'œuvre

A L'Antiquité. Grâce aux leçons de Dorat, du Bellay devient un familier des Lettres antiques. Ses œuvres, comme celles de ses amis de la Pléiade, défendent l'idée d'une poésie de langue française imitant les auteurs antiques.

B Pétrarquisme. Le jeune du Bellay écrit un recueil entier de sonnets (v. fiche 41) inspiré des sonnets amoureux du poète italien Pétrarque (XIVe siècle).

C Séjour romain : le voyage à Rome avec son oncle est source de désillusions. Il écrit alors des poésies élégiaques. En son absence, Ronsard est devenu « Prince des poètes ». Du Bellay s'en prend, dans son dernier recueil, au *Poète courtisan* (1559).

lexique

Poésie élégiaque : poésie inspirée des poètes latins élégiaques (Tibulle, Properce). Poésie lyrique dominée par la plainte, souvent amoureuse, mais pas seulement (plainte de l'exilé chez du Bellay).

3 Œuvres principales

- ***Défense et Illustration de la langue française*** (1549) : manifeste de la Pléiade. Invitation à pourvoir la France d'une littérature digne de celle des Romains et des Grecs en les imitant.
- ***L'Olive*** (1550) : recueil de sonnets amoureux en décasyllabes (influence de Pétrarque).
- ***Les Regrets*** (1558) : œuvre composée pendant le séjour romain. La poésie élégiaque se mêle à la satire.

vers célèbre

« Heureux qui comme Ulysse a fait un beau voyage », in ***Les Regrets*** (1558)

→ Le poète compare son voyage à celui du héros homérique de manière à mettre en lumière sa nostalgie, son regret de sa terre natale (il est alors à Rome qu'il n'apprécie pas du tout).

Pierre de Ronsard
(1524-1585)

Lue Relue Apprise

Poète • Mouvement littéraire : la Pléiade

mes notes

1 Repères biographiques

- Issu de la petite noblesse, Ronsard abandonne sa carrière militaire en raison de sa surdité. Il vit alors de bénéfices ecclésiastiques.
- Il suit les cours de Dorat aux côtés de Baïf et du Bellay. Membre de la Brigade, il fonde **la Pléiade.**
- Grand succès de ses œuvres qui font de lui le **« Prince des poètes »** sous Charles IX.
- En 1562, il se range du côté des catholiques dans la guerre civile née des guerres de religion.
- À la mort du roi (1574), il se retire (Vendômois et Touraine).

2 Genèse et caractéristiques de l'œuvre

A Antiquité. Ronsard lit les auteurs latins et grecs. Il s'en inspire en important des genres antiques : ***Odes, Hymnes*** (1555-1564).

B Poésie amoureuse. Il célèbre trois muses : **Cassandre, Marie** et **Hélène.**

C Poésie politique. Ronsard prend parti **contre les protestants** : ***Discours sur les misères de ce temps*** (1562). Mais cherche surtout à valoriser la France dont il entreprend **l'épopée** : ***La Franciade*** (1572).

infos-clés

- Ronsard essaie tous les genres et ne cesse, à l'occasion des diverses publications de ses *Œuvres complètes*, de remanier ses poèmes.
- Incarnation à lui seul de la Pléiade, il a une haute conscience de sa gloire.

3 Œuvres principales

- ***Odes*** (1550-1552) : genre grec adapté en français. Elles célèbrent leurs destinataires rendus immortels par le Poète.
- ***Amours*** (1552), ***Continuation des Amours*** (1555), ***Nouvelle Continuation des Amours*** (1556) et ***Sonnets pour Hélène*** (1578) : poèmes amoureux. Certains poèmes sont très connus : sur le thème du *carpe diem* (v. fiche 3), invitation à l'amour en comparant la femme aimée à une fleur belle, mais éphémère.

vers célèbres

« Mignonne, allons voir si la rose / Qui ce matin avait déclose... », Amours

« Je vous envoie un bouquet de ma main / Que j'ai ourdi de ces fleurs épanies... », Continuation des amours

« Quand vous serez bien vieille, le soir à la chandelle... », Sonnets...

→ Invitent la femme aimée à se donner au poète tant qu'elle est belle, jeune et en vie.

Le baroque

5

Lue Relue Apprise

mes notes

Mouvement littéraire, culturel et artistique qui naît en Italie au XVIe siècle et se propage ensuite à travers toute l'Europe.

1 Contexte historique

A Guerres civiles et religieuses

Les guerres entre catholiques et protestants déchirent la France à la fin du XVIe siècle (les protestants parisiens sont massacrés lors de la **Saint-Barthélémy** en 1572) et mettent fin au rêve d'harmonie de la Renaissance (v. fiche 2).

info-clé

Le baroque s'attache au caractère **fragile** et **insaisissable** de la vie.

B Contre-Réforme et fin des certitudes

- L'Église, pour lutter contre le pouvoir de séduction de la Réforme protestante, propose des représentations spectaculaires de la Religion.
- Les découvertes des XVe et XVIe siècles – découverte du Nouveau-Monde, théorie de Copernic selon laquelle la Terre tourne autour du Soleil... – ébranlent les certitudes anciennes : on ne sait plus que ou qui croire.

2 Les principes

A Deux baroques

- Un **baroque joyeux** qui répond au trouble de l'existence par une **ivresse festive**, multiplie les **déguisements**, les trompe-l'œil, aime la **surcharge**, les **métamorphoses.**
- Un **baroque funèbre** qui insiste sur la **brièveté de la vie**, sur la **misère de l'homme**, qui cultive le **macabre** à travers des images qui frappent l'imagination.

étymologie

Le mot **baroque** vient du portugais ***barroco***, qui désigne *une perle irrégulière.*

B Principes généraux

- **Incertitude et confusion :** les **sens** n'offrent plus aucune certitude.
- **Mouvement et instabilité :**
  - dans les pièces de théâtre ou les romans, les actions s'enchaînent, les histoires amoureuses se multiplient, tous les personnages sont **infidèles** ;
  - en peinture, les personnages sont saisis dans une position de **déséquilibre** ; les sculptures préfèrent exploiter la **torsade** et la courbe plutôt que la ligne droite.

histoire des arts

Une sculpture baroque, du **Bernin** par exemple, ou un tableau baroque, de **Rubens** par exemple, se caractérisent par des lignes courbes et du mouvement, des couleurs contrastées (clair-obscur), la présence de corps souffrants...

mes notes

- **Exhibition et violence des corps :** dans une période de violence extrême, on n'hésite pas à montrer les corps dévêtus, même s'ils sont à **l'agonie**.

C Le théâtre baroque

- **Théâtre spectaculaire et dynamique** : métamorphoses, personnages surnaturels, combats sur scène.
- **Mélange des niveaux de langue** : à la fois un vocabulaire familier, populaire, et un vocabulaire recherché, poétique.
- **Mélange des genres** : passages comiques, burlesques, tragiques dans une même pièce de théâtre ; intrigues souvent complexes qui mettent en scène un grand nombre de personnages.
- **Présence du corps** : amour charnel ou batailles sanglantes.
- **Inconstance et instabilité** : importance du thème de l'infidélité, questionnement sur l'identité.

3 Les grandes œuvres baroques

- ***Macbeth*** (Shakespeare, 1606) : pièce de théâtre anglaise qui met en scène la conquête du pouvoir par un tyran manipulé par des sorcières ou par son inconscient.
- ***Don Quichotte*** (Cervantes, 1605-1615) : roman espagnol dont le personnage principal est un chevalier victime de visions, dont les exploits ne sont jamais que fictifs.
- ***La Vie est un songe*** (Calderon, 1635) : pièce de théâtre espagnole qui repose sur une confusion des sens : le personnage ne sait s'il vit ou s'il rêve ce qui lui arrive.
- ***L'Illusion comique*** (Corneille, 1636) : comédie dont la construction qui repose sur des mises en abyme est extrêmement complexe.

des écrivains baroques

- En Angleterre, **Shakespeare** (1564-1616) ;
- En Espagne, **Calderon** (1600-1681) ou **Cervantes** (1547- 1616) ;
- En France, **d'Aubigné** (1552- 1630) ou **Chassignet** (1571- 1635).

remarque

Corneille, que l'on rattache généralement au mouvement littéraire classique, a d'abord écrit des pièces baroques. Ce n'est qu'à partir de 1640 *(Horace)* qu'il produit des œuvres classiques.

6 Le classicisme

☐ Lue ☐ Relue ☐ Apprise

mes notes

Mouvement littéraire, culturel et artistique français qui coïncide avec le règne de Louis XIV.

1 Contexte historique

A « Le Roi, c'est moi »

- Louis XIV entend mettre fin aux ambitions des nobles qui réclament plus de pouvoir et d'influence. Le 10 mars 1661, il annonce qu'il gouvernera seul.
- Le classicisme va de pair avec cette affirmation de **l'absolutisme royal** : il faut encadrer les arts pour qu'ils contribuent à la puissance royale.

infos-clés

- Le classicisme recherche la **perfection**.
- L'idéal classique s'incarne dans « **l'honnête homme** », humble, courtois et cultivé, qui représente un modèle d'humanité pour les écrivains de l'époque.

B Encadrer les arts et les lettres

- C'est **Richelieu** qui envisage le premier de mettre les arts au service du pouvoir.
- Il met ainsi en place un **mécénat d'État** (les artistes peuvent toucher une pension de l'État à condition qu'ils respectent un certain nombre de règles et qu'ils célèbrent la puissance du roi) ;
- Il crée également des **académies** (l'Académie française, 1635) dans lesquelles les artistes établissent une sorte de code de bonne conduite artistique.
- Louis XIV poursuit la politique entreprise et trouve un lieu pour l'épanouissement artistique de la puissance royale : **Versailles**.

C Toutes sortes d'artistes

- On considère comme classiques non seulement des **écrivains** mais aussi des **architectes** comme Mansart, des **peintres** comme Le Brun (tous deux ont travaillé à Versailles)...

l'art classique

- Un tableau classique, de **Nicolas Poussin** par exemple, se reconnaît à la construction géométrique et à l'harmonie des couleurs.
- Un bâtiment classique emprunte quelques éléments à l'architecture antique, il est organisé autour de lignes perpendiculaires.

2 Les principes

- **Le Beau et le Bien.** Les artistes classiques assimilent la beauté esthétique et la beauté morale, le Beau au Bien.
- **Retour à l'Antiquité.** Les artistes classiques prônent un retour à l'Antiquité, qui leur paraît un modèle indépassable. Toutefois s'ils imitent les auteurs antiques, ils savent les adapter au goût du jour.

mes notes

- **Convenances.** Les œuvres classiques doivent respecter :
  - la **vraisemblance**, exigence intellectuelle : si l'historien se doit de dire le vrai, l'artiste, au contraire, se doit de mettre en scène une intrigue conforme à l'idée que le public se fait de la réalité.
  - les **bienséances**, exigence morale : l'œuvre d'art ne doit pas représenter la violence ou la vie dans ce qu'elle a de trivial. Ainsi tout ce qui a trait au corps est à proscrire. De même, il apparaît malséant qu'un roi s'occupe des réalités matérielles comme l'argent.
- **Langue classique.** Elle cherche le **naturel**, la simplicité, le mot juste.
- **Règles propres au théâtre.** En plus de ces principes, les pièces de théâtre doivent obéir à un certain nombre de règles :
  - **stricte séparation des genres,**
  - **règle des trois unités** : unité de **temps** (l'intrigue doit durer moins de 24 heures), unité de **lieu** (tout se passe au même endroit), unité d'**action** (il y a un seul problème à régler).

La règle des trois unités

Voici comment la définit Boileau :
« Qu'en un lieu en un jour un seul fait accompli / Tienne jusqu'à la fin le théâtre rempli »

- **Finalité de l'œuvre classique** : deux objectifs, **plaire et instruire** (*placere* et *docere*, v. fiche 47). Par exemple, dans les *Fables* de La Fontaine, le récit dynamique plaît et la moralité instruit.

3 Les grandes œuvres classiques

- Il ne faut pas croire que le théâtre soit le seul genre à s'être épanoui à l'époque classique. Voici quelques œuvres importantes appartenant à d'autre genre :
- ***La Princesse de Clèves*** (Madame de La Fayette - 1678) : roman qui analyse la passion amoureuse et célèbre le triomphe de la vertu.
- ***Les Caractères*** (La Bruyère - 1688) : La Bruyère est un moraliste, comme La Rochefoucauld et Pascal, qui se moque des vices de la société à travers une série de portraits.
- ***Les Contes*** (Perrault - 1697) : les contes comme *La Belle au bois dormant* ou *La Barbe bleue* sont des petits récits accompagnés de moralités. Ils ne sont pas inspirés de l'Antiquité : Perrault est un moderne.

La querelle des Anciens et des Modernes

Deux camps s'opposent à l'Académie : d'un côté les **Anciens** (Racine) imitent respectueusement les auteurs antiques, ils vivent à Versailles et critiquent souvent les mœurs contemporaines ; de l'autre les **Modernes** (Perrault) qui nuancent leur dévouement à l'art antique, cherchent d'autres sources d'inspiration et fréquentent les salons parisiens.

7

Pierre Corneille
(1606-1684)

Lue Relue Apprise

mes notes

Auteur de théâtre
Mouvement littéraire : classicisme

1 Repères biographiques

- **Origines :** né à Rouen, dans une famille bourgeoise, il reçoit une bonne éducation chez les Jésuites.
- **Vie privée :** on dit que ce jeune avocat entreprit d'écrire des pièces de théâtre à la suite d'un chagrin d'amour.

2 Genèse et caractéristiques de l'œuvre

A Influences. Corneille écrit d'abord des pièces baroques, en particulier *L'Illusion comique* (1635) ; à partir de 1640, il écrit des pièces classiques. Il est alors **en concurrence avec Racine**.

B Les genres développés par Corneille

- **La comédie** (ex. : *La Place royale*, 1634)

Les comédies de Corneille mettent en scène des **histoires d'amour** qui se déroulent dans un **cadre réaliste** et sont portés par une **langue élégante**.

- **La tragi-comédie** (ex. : *Le Cid*, 1637)

Caractérisée par des **intrigues complexes et riches en actions**.

- **La tragédie** (ex. : *Horace*, 1640)
  - « Une action illustre, extraordinaire, sérieuse » : sujets historiques qui mêlent amour et pouvoir ; des conflits entre des proches.
  - Deux effets : **pitié** (le héros est accablé de malheurs) et **admiration** (mais il y fait face avec courage).
  - **Dilemme cornélien** : quand le héros hésite entre deux possibilités, il choisit la plus difficile.

3 Œuvres principales

- ***L'Illusion comique*** (1635) : comédie baroque dont la structure de théâtre dans le théâtre est très complexe.
- ***Le Cid*** (1637) : premier gros succès de Corneille à Paris, tragi-comédie qui suscita une querelle parce qu'elle ne respectait pas les règles classiques.
- ***Cinna*** (1641) : tragédie classique qui suscite l'admiration.

vers célèbres

- ***« Je suis jeune il est vrai ; mais aux âmes bien nées / La valeur n'attend pas le nombre des années. » Le Cid*** (II, 2)
  → Rodrigue, courageux face au Comte.
- ***« Je suis maître de moi comme de l'univers. » Cinna*** (V, 3)
  → Vers prononcé par Auguste qui vient de surmonter son désir humain de vengeance pour faire preuve de clémence, suscitant ainsi l'admiration.

Jean Racine

(1639-1699)

☐ Lue ☐ Relue ☐ Apprise

mes notes

Auteur de théâtre • Mouvement littéraire : classicisme

1 Repères biographiques

- **Origines :** orphelin, Racine reçoit une éducation religieuse stricte (janséniste) aux « Petites Écoles » de Port-Royal.
- **Vie privée :** courtisan, Racine a de nombreuses liaisons, notamment avec la Du Parc, comédienne dont Corneille a également été amoureux, et avec la Champmeslé, qui incarne Phèdre en 1677.

2 Genèse et caractéristiques de l'œuvre

A Influences.

Influences. Racine écrit des pièces classiques qui respectent les règles d'unité, de vraisemblance et de bienséance. Dans la Querelle des Anciens et des Modernes (v. fiche 6), **il se range du côté des Anciens.**

- **Engagements politiques :** Racine est un proche de Louis XIV. Lorsqu'il renonce à l'écriture théâtrale en 1677, il devient historiographe du Roi.
- **Question religieuse :** Racine est marqué par la rigueur et l'austérité de l'éducation qu'il a reçue. Il s'éloigne d'abord de Port-Royal (abbaye d'Île-de-France, l'un des foyers du jansénisme), qui condamne le théâtre, mais s'en rapproche à la fin de sa vie.

B La tragédie selon Racine

- **Simplicité** de l'intrigue. Très grande **musicalité** de l'alexandrin.
- Analyse des **passions** et de leurs symptômes.
- **Pessimisme** : la tragédie racinienne, qu'elle se termine par une mort ou pas, invite à pleurer.

3 Œuvres principales

- ***Bérénice*** (1670) : tragédie remarquable par sa simplicité (il ne se passe rien) et par son dénouement. Au même moment, Corneille fit jouer une tragédie sur le même thème, *Tite et Bérénice*, qui remporta moins de succès.
- ***Phèdre*** (1677) : tragédie inspirée du théâtre grec (Euripide) et du théâtre latin (Sénèque), qui met en scène la violence des passions. C'est la dernière grande tragédie de Racine (il n'écrit ensuite que deux tragédies religieuses).

vers célèbres

- ***« Je le vis, je rougis, je pâlis à sa vue » Phèdre*** (I, 3)
  → Racine décrit ici les symptômes physiques de la passion amoureuse.
- ***« Dans un mois, dans un an, comment souffrirons-nous / Seigneur, que tant de mers me séparent de vous ? » Bérénice*** (IV, 5)
  → un bel exemple du lyrisme de Racine.

8

Jean de La Fontaine
(1621-1695)

☐ Lue ☐ Relue ☐ Apprise

Poète • Mouvement littéraire : classicisme

mes notes

1 Repères biographiques

- **Éducation** : tenté par l'Église, il se tourne finalement vers le droit, mais ce qu'il préfère, c'est lire des romans.
- **Vie privée** : se marie jeune pour faire plaisir à son père, mais il préfère fréquenter les **précieuses** (femmes cultivées et raffinées ou se prétendant telles) dans les salons littéraires parisiens plutôt que rester auprès de sa femme.

2 Influences et genèse de l'œuvre

A Influences

- La Fontaine est un auteur classique.
- Il s'inspire d'auteurs grecs (Ésope) et latins (Phèdre) pour écrire ses œuvres : dans la querelle des Anciens et des Modernes, il est donc **du côté des Anciens**.

phrase célèbre

« Mon imitation n'est point un esclavage », Épître à Monsieur de Soissons
→ La Fontaine, comme les Anciens, prône une imitation créative des textes antiques.

B Protecteurs

- La Fontaine écrit plusieurs poèmes à la gloire de son premier mécène, Nicolas Fouquet (***Le Songe de Vaux***, 1658).
- Lorsque Fouquet est arrêté, La Fontaine vit quelques années difficiles mais il se place ensuite sous la protection de Madame de la Sablière, pour qui il compose aussi des textes.

C Une œuvre variée

La Fontaine n'a pas seulement écrit des **fables** : il a aussi écrit des **contes**, légèrement érotiques, des **discours**...

vers célèbres

- ***« Selon que vous serez puissant ou misérable, / Les jugements de Cour vous rendront blanc ou noir »***
→ Moralité des « Animaux malades de la peste » qui critique les mœurs de la Cour.
- ***« La raison du plus fort est toujours la meilleure »***
→ Moralité de la fable « Le Loup et l'Agneau » qui a une portée morale universelle.

3 Œuvres principales

- ***Les Fables*** (1668, 1678, 1694) : les livres qui constituent ce recueil ne sont pas tous publiés en même temps et n'ont pas tous le même destinataire (les premiers livres sont dédiés au Grand Dauphin, futur Roi). Caractéristiques des fables :
  - **forme :** poèmes versifiés, composés le plus souvent de deux parties (un récit allégorique + une morale).
  - **fonction :** plaire et instruire.

Molière
(1622-1673)

☐ Lue ☐ Relue ☐ Apprise

mes notes

Homme de théâtre • Mouvement littéraire : classicisme

1 Repères biographiques

remarque
Molière est le pseudonyme de Jean-Baptiste Poquelin.

- **Parcours :** « L'Illustre Théâtre », troupe de Molière, sillonne la province avant de s'installer à Paris en 1658, grâce à la protection de Monsieur, frère du Roi, puis grâce au soutien du Roi lui-même : Molière dirige alors la « Troupe du Roy ».
- **Vie privée :** Molière épouse en 1662 Armande Béjart, sœur (ou fille ?) de Madeleine Béjart, son ancienne maîtresse.
- **L'homme de théâtre :** Molière n'est pas seulement auteur de théâtre, il est aussi directeur de troupe et comédien.

2 Genèse et caractéristiques de l'œuvre

A Influences. *Commedia dell'arte* (les comédiens italiens, vêtus de masques, improvisent selon un canevas fixé à l'avance), théâtre de foire (farces au comique grossier, jeu très visuel) mais aussi comédie latine (Plaute).

B La comédie dans tous ses états. Molière a composé des comédies très différentes les unes des autres :

- **La farce** (ex. : *Le Médecin volant*) : en prose et en un acte, intrigue simple, personnages-types sans profondeur, comique de gestes.
- **La grande comédie classique** (ex. : *L'École des femmes*) : en vers et en cinq actes (le plus souvent), respect des règles du théâtre classique, personnages au caractère approfondi, comique de situation, manifeste une **observation critique de la société contemporaine**.
- **La comédie-ballet** (ex. : *Le Bourgeois gentilhomme*, 1670) : insertion dans la comédie de passages chantés et dansés.

3 Œuvres principales

- ***L'École des femmes*** (1662) : comédie classique en cinq actes sur le thème de l'amour et de la jalousie.
- ***Tartuffe*** (1664 puis 1669) : satire des faux dévots qui déchaîna les passions et fut interdite pendant plusieurs années.

vers célèbre
« C'est une étrange entreprise que celle de faire rire les honnêtes gens », Dorante, ***La Critique de l'École des femmes*** (1662)
→ Molière évoque ici les difficultés qu'il rencontre avec ses comédies populaires mais polémiques.

9 Le libertinage

Lue Relue Apprise

mes notes

Courant de pensée des XVIIe et XVIIIe siècles prônant une liberté de pensée en matière de religion, puis de mœurs.

remarque

Le **Dom Juan** de **Molière**, est un libre penseur doué de qualités, mais qui est châtié, signe du regard réprobateur de la société d'alors sur les libertins.

1 Le libertinage de pensée au XVIIe siècle

A Au XVIIe siècle, le libertinage est une liberté de pensée qui a pour objet la religion.

- Les **libres penseurs** refusent le dogme catholique, ne se fient qu'à la raison et sont soit athées (Saint-Evremond, Ninon de Lenclos), soit intéressés par le protestantisme (Théophile de Viau).
- Le regard porté par la société sur le libertinage est péjoratif.

B Théophile de Viau (1590-1626) est le plus célèbre poète libertin.

- **Œuvres :** poèmes (*Traité de l'immortalité de l'âme*) et une tragédie (*Pyrame et Thisbé*).
- Accusé de libertinage par les Jésuites, il est arrêté et emprisonné.
- Il refuse les contraintes littéraires et prône une liberté créatrice plus proche des émotions et traduites par un « nouveau langage » poétique.

vers célèbres

- *« Je veux faire des vers qui ne soient pas contraints », Élégie à une dame*
→ Liberté poétique revendiquée.
- *« Comme un dévot devers les cieux, / Mes genoux tournés devers tes yeux », Stances*
→ Le discours amoureux pervertit le vocabulaire religieux.

2 Le libertinage de mœurs au XVIIIe siècle

A Le libertinage de mœurs

- Le libertinage de pensée porte sur divers domaines, pas seulement la religion, et devient synonyme d'immoralisme. On glisse alors vers le libertinage de mœurs.
- Après la mort de Louis XIV, la **Régence de Philippe d'Orléans** (1715-1723) est une période de rupture : la noblesse retrouve du pouvoir, les mœurs du Régent sont très libres et il s'entoure de libertins, va au bal, au théâtre et passe pour un paresseux. C'est cet esprit que l'on retrouve en littérature.

B Pierre Choderlos de Laclos (1741-1803)

- **Repères biographiques** : militaire de carrière sous la monarchie, la Révolution et l'Empire, il échappe de justesse à l'échafaud.

mes notes

- **Œuvres** : il écrit ***Les Liaisons dangereuses*** lors d'une permission ; second roman inachevé.
- ***Les Liaisons dangereuses*** (1782)
  - **Thème :** libertinage de mœurs comme volonté d'imposer sa loi à l'autre, mettant en scène deux libertins, Valmont et la marquise de Merteuil, d'abord complices puis adversaires dans leurs intrigues amoureuses. Cette loi libertine se dit en utilisant le vocabulaire du pouvoir et de la religion.
  - **Roman épistolaire :** un même épisode est raconté par plusieurs personnages avec un point de vue différent à chaque fois. On a ainsi une antithèse faisant ressortir la naïveté des victimes face à l'intelligence des libertins.

phrases célèbres

- ***« Conquérir est notre destin […] depuis que nous séparant pour le bonheur du monde, nous prêchons la foi chacun de notre côté, il me semble que dans cette mission d'amour, vous avez fait plus de prosélytes que moi », Les liaisons dangereuses,*** Valmont à Mme de Merteuil.
- ***« Ce n'est pas ma faute », Les liaisons dangereuses,*** refrain de la lettre de rupture de Valmont à Mme de Tourvel, écrite par Mme de Merteuil.

C Donatien Alphonse François de Sade (1740-1814)

- **Repères biographiques** : noble renié par l'aristocratie car libertin et sacrilège. Il mène une vie de débauches, scandales et emprisonnements qui inspirent ses œuvres.
- **Le sadisme** : les romans de Sade peignent des déviations sexuelles qui infligent une souffrance mise en spectacle dans des lieux clos (prison, couvent) : *« offrir partout le vice triomphant et la vertu victime de ses sacrifices ».*
- **Œuvres** : ***Les Infortunes de la vertu*** (1787), ***La Philosophie dans le boudoir*** (1795), ***La Nouvelle Justine*** (1797)

3 Une œuvre de référence : *Dom Juan*

texte

- Cette pièce baroque de Molière procède du **libertinage de pensée spécifique au XVIIe siècle** puisque Dom Juan est athée. Son impiété, d'abord revendiquée, est ensuite camouflée sous le masque de l'hypocrisie puisque le héros feint de changer de conduite. Ses provocations envers les hommes et Dieu entraînent le châtiment divin. Cette mort de Dom Juan témoigne du **regard péjoratif de la société de l'époque sur le libertinage** de pensée.
- Mais le personnage anticipe sur le **libertinage de mœurs du XVIIIe siècle** par sa conduite envers les femmes qu'il ne cesse de courtiser et d'abuser allant jusqu'à multiplier les mariages et les abandons.

10

Marivaux
(1688-1763)

Lue Relue Apprise

Romancier et dramaturge
Mouvement littéraire : Lumières

mes notes

1 Repères biographiques

- **Éducation** : latin et droit.
- **Vie littéraire** : romans, comédies, articles de journaux. Marivaux est célèbre à son époque. Il est élu à l'Académie française.

2 Genèse et caractéristiques de l'œuvre

A Romans

- Jeunesse. **Parodies burlesques des classiques**, ***L'Iliade travestie*** (1717) et ***Télémaque travesti*** (1717).
- Vieillesse. **Deux autobiographies fictives inachevées, réalistes** et analysant le **fonctionnement de la société**, ***La Vie de Marianne*** (1731), ***Le Paysan parvenu*** (1734-1735).

B Comédies

- **Marivaudage.** Intérêt pour la naissance du sentiment amoureux et subterfuges que l'esprit humain invente pour le cacher, jeu entre maquillage et sincérité.
- Le langage est capital en ce qu'il camoufle les sentiments et les trahit.
- **Satire sociale.** Les valets prennent la place des maîtres et les parodient. Arlequin, personnage de la *commedia dell'arte* italienne, rend la satire plus efficace grâce à sa joie de vivre et son franc parler.

3 Œuvres principales

- ***Le Jeu de l'amour et du hasard*** (1730) : Silvia promise à Dorante, échange de rôle avec sa servante Lisette. Dorante a fait de même avec son valet Arlequin. L'amour naît. Mais chacun croit aimer un domestique et l'amour lutte contre l'orgueil.
- ***L'Île des esclaves*** (1725) : à la suite d'un naufrage, Iphicrate et son valet Arlequin, Euphrosine et sa servante Cléanthis, échouent sur une île régie par des esclaves qui rendent les domestiques libres et les maîtres esclaves. C'est une satire sociale. À la fin, chacun retrouve son rang, et les maîtres sont rendus meilleurs.

phrase célèbre

« J'ai guetté dans le cœur humain toutes les niches différentes où peut se cacher l'amour lorsqu'il craint de se montrer et chacune de mes comédies a pour objet de le faire sortir d'une de ces niches », Éloge de Marivaux, d'Alembert, citant Marivaux.

→ lecture maison

Beaumarchais (1732-1799)

Lue Relue Apprise

mes notes

Dramaturge
Mouvement littéraire : Lumières

1 Repères biographiques

- Horloger, il invente un procédé qui le rend célèbre à la Cour.
- Il écrit ses premiers textes, il est anobli et se lance dans les affaires. Il est mis en prison sur dénonciation calomnieuse. Réhabilité, il mène des activités d'espionnage en Europe pour le roi.
- Il devient dramaturge à succès et fonde la société des auteurs dramatiques qui protège leurs droits sur leurs pièces.
- Accusé sous la Révolution, il fuit puis revient et reprend affaires et projets (canal de Panama, dirigeable). Il refuse une sépulture chrétienne.

2 Genèse et caractéristiques de l'œuvre

A Influences. Diderot pour le drame et Voltaire pour sa verve dénonciatrice.

B Trilogie : trois comédies se faisant suite reliées par :

- **le personnage de Figaro** : homme du peuple habile et insouciant ;
- **la critique politique et sociale :** Figaro a des mérites plus grands que son maître, le comte Almaviva. Attaque du clergé, de la justice, de la censure, des privilèges, des ennemis des Lumières ;
- **la censure de ses pièces** ;
- tentation de l'opéra-comique, chansons et musique importantes ; nombreuses péripéties.

3 Les grandes œuvres

La trilogie de Figaro :

- ***Le Barbier de Séville*** (1775) : le comte Almaviva s'éprend de Rosine enfermée chez elle et promise au vieux Bartholo. Aidé de Figaro, il déjoue les pièges et épouse Rosine.
- ***Le Mariage de Figaro*** (1784) : Figaro doit se marier avec la femme de chambre de Rosine, Suzanne, mais il apprend qu'Almaviva la courtise aussi. Stratagèmes de Figaro pour duper son maître.
- ***La Mère coupable*** (1797) : dernière pièce de la trilogie sur l'adultère de la comtesse Rosine.

phrases célèbres

- *« Le théâtre est un géant qui blesse à mort tout ce qu'il frappe » Le Mariage de Figaro*, préface
- *« Aux qualités qu'on exige dans un domestique, Votre Excellence connaît-elle beaucoup de maîtres qui fussent dignes d'être valets ? », Le Barbier de Séville.*
- *« Qu'avez-vous fait pour tant de biens ? Vous vous êtes donné la peine de naître, et rien de plus », Le Mariage de Figaro.*

11 Les Lumières

☐ Lue ☐ Relue ☐ Apprise

mes notes

Mouvement littéraire et culturel européen qui prône des changements sociétaux et a nourri la Révolution française.

1 Contexte historique

A L'Ancien Régime

- La France est divisée en **trois ordres** : **noblesse** et clergé privilégiés face au Tiers-État taxé.
- La **croissance économique** est due à l'activité de la **bourgeoisie** qui ne supporte plus d'être défavorisée face à des nobles dont les mérites ne justifient pas les privilèges.

Lexique

Noblesse : ordre fondé sur la naissance (on naît noble) et non sur les qualités ou la richesse.

Bourgeoisie : classe la plus aisée du Tiers-État, définie par sa richesse et l'éducation soignée de ses enfants.

B Progrès scientifiques

- Remise en cause des attitudes fanatiques. **Raison et progrès** deviennent les maître-mots des intellectuels.
- **L'expérience** (empirisme) et les **sens** (sensualisme) sont les sources du **savoir,** et non plus la croyance.

C Censure

- Les écrits doivent obtenir une autorisation d'impression (privilège) et peuvent être censurés (coupes ou refus de publication). Tous les philosophes des Lumières ont été **censurés, voire exilés ou emprisonnés.**
- Pour éviter la censure, ils publient sous des **pseudonymes**, ou à **l'étranger** (Hollande), diffusent **clandestinement** leurs textes, utilisent des **procédés stylistiques** masquant leurs attaques.

2 Les principes

A Thèmes majeurs

- **Religion** : les écrivains des Lumières attaquent le fanatisme et l'intolérance. Certains sont **déistes** (Voltaire), d'autres **matérialistes** (Diderot).
- **Politique** : voyageurs, ils comparent les divers systèmes politiques. Ils s'opposent à l'absolutisme et à l'arbitraire, prônent la séparation des pouvoirs et la liberté. Ils échouent dans leurs tentatives de **despotisme éclairé** (Voltaire et Diderot). Ils luttent contre l'esclavage et les guerres.

Lexique

Déisme : foi en une divinité mais refus des religions

Matérialisme : athéisme.

Despotisme éclairé : régime dans lequel le monarque est conseillé par un philosophe.

mes notes

B Moyens

- **Genres** : ils utilisent des **genres détournés** pour diffuser leurs idées : **conte philosophique** (Voltaire), **article-essai de dictionnaire** (*Encyclopédie* et *Dictionnaire philosophique portatif*).
- Les **dialogues** permettent de distribuer à un ou plusieurs personnages les idées de l'auteur, ce qui les rend plus difficiles à cerner (Diderot).
- **Procédés**
  - **L'ironie** est très employée car elle permet d'éviter la censure, mais elle pose le problème de la compréhension : Montesquieu a été pris par certains de ses contemporains pour un esclavagiste car ils n'avaient pas compris que son attaque de l'esclavage reposait sur ce procédé.
  - Les Lumières critiquent la société grâce à un personnage qui lui est **étranger** et dont le **regard** sur celle-ci est perspicace et plein de bon sens. Il est oriental (Persans de Montesquieu dans les *Lettres persanes*) ou correspond au type du **bon sauvage.** Ce procédé permet de faire la **satire** des mœurs et des institutions.

le mythe du bon sauvage

- Proche de la nature, il mène une vie pure.
- **L'éloge** du bon sauvage et **l'utopie** qu'il véhicule permettent de **blâmer** la société européenne et particulièrement française par **comparaison** entre elles ou par la **satire** permise par un regard étranger.

3 Une grande œuvre : *L'Encyclopédie* (1748-1772)

- ***Encyclopédie et Dictionnaire universel des sciences, des arts et métiers traduit [...] avec des augmentations*** (1748-1772) : cet ouvrage est le **manifeste des Lumières.**
- **Diderot et d'Alembert** furent à sa direction, mais tous les philosophes et savants des Lumières y participèrent en fonction de leurs compétences. Le but est double :
  - **Informer** : faire un bilan des connaissances du temps dans tous les domaines et notamment techniques. Elles sont expliquées grâce à des illustrations appelées *Planches*.
  - **Former l'esprit à la critique philosophique** grâce à des articles qui ne sont pas objectifs et neutres, mais sont en fait des essais déguisés et très contestataires. Il s'ensuivit de nombreuses censures de l'ouvrage dont la rédaction prit près de vingt ans.

Charles de Montesquieu (1689-1755)

12

Lue Relue Apprise

Philosophe et romancier
Mouvement littéraire : Lumières

mes notes

1 Repères biographiques

- **Éducation « moderne »** : histoire, langues vivantes, droit.
- Exerce diverses charges : avocat, conseiller au parlement de Bordeaux...
- Fréquente les salons littéraires grâce au succès des *Lettres persanes*. Élu à l'Académie française.

2 Genèse et caractéristiques de l'œuvre

A Histoire et sciences sociales. L'histoire et les mœurs l'aident à comprendre l'évolution historique des sociétés et leurs fondements.

B Voyages. Montesquieu parcourt l'Europe, ce qui lui permet de comparer les sociétés et de réfléchir à un nouveau régime politique.

3 Œuvres principales

A ***Lettres persanes*** (1721). Roman épistolaire. Deux Persans, Ubsek et Rica, voyagent en Europe et correspondent avec leurs proches restés au pays.

- Un regard sur l'Europe : satire des mœurs grâce au **regard étranger qui épingle les défauts** des sociétés européennes.
- En utilisant plusieurs procédés (**périphrases, ironie, humour, comparaison**), l'auteur vise deux buts :
  - critique de la religion, du pouvoir arbitraire et despotique, de l'esclavage ;
  - éloge de la liberté, de la tolérance, de la justice garantie par les lois et la raison.

B ***De L'Esprit des lois*** (1748). Essai qui étudie les régimes politiques de toutes les sociétés existantes au cours des siècles et leur fonctionnement.

- **Critique du régime en place** : despotisme, arbitraire, esclavage, crimes de l'Inquisition, intolérance.
- Seule une séparation des pouvoirs dans une monarchie modérée garantit la liberté selon le modèle anglais.

phrase célèbre

« Si j'avais à soutenir le droit que nous avons eu de rendre les nègres esclaves, voici ce que je dirais », De L'Esprit des lois.

→ Amorce du réquisitoire contre l'esclavage. Maniant l'ironie, l'auteur feint de défendre l'esclavage par une succession d'arguments absurdes. Rien ne peut donc justifier cette pratique.

Voltaire
(1694-1778)

mes notes

Lue Relue Apprise

Écrivain engagé, philosophe, poète
Mouvement littéraire : Lumières

1 Repères biographiques

- Voltaire est le pseudonyme de François-Marie Arouet Le Jeune. D'abord auteur de tragédies (*Zaïre*, 1732) et d'épopée (***La Henriade***, 1728), il est perçu comme un grand poète, élu à l'Académie française.
- Ses écrits ultérieurs, plus satiriques et philosophiques lui valent la prison et l'exil (**Angleterre**, Hollande et Genève) ; il séjourne à la cour de Frédéric II de Prusse.
- **Défenseur de la liberté**, il obtient la réhabilitation de **Calas** en 1765.

l'affaire Calas

Protestant, Jean Calas est mis à mort pour avoir tué son fils catholique. En fait, le jeune homme s'est pendu.

2 Genèse et caractéristiques de l'œuvre

A Influences. Le classicisme pour ses **œuvres historiques** sur les rois Charles XII et Louis XIV. **Shakespeare** pour son théâtre.

B Un esprit frondeur. Ses **œuvres satiriques, traités** et **contes philosophiques** lui attirent des ennemis. Déiste (voir fiche 11), il y défend la liberté, l'humanisme, attaque l'esclavage, la guerre, l'intolérance. L'**humour** et l'**ironie** sont ses armes.

l'astuce du prof

Lors d'une dissertation ou d'un entretien, mentionnez :
- la censure (prison, exil) ;
- l'Angleterre = découverte d'un régime de liberté ;
- l'affaire Calas (efficacité des mots).

3 Œuvres principales

A Les contes philosophiques

- ***Zadig ou la Destinée*** (1748) : le sage Zadig, après des aventures en Orient, devient roi de Babylone où il règne en despote éclairé.
- ***Candide ou l'Optimisme*** (1759) : à travers les aventures de Candide, Voltaire montre que le monde est mauvais et que seule l'action (concrète et intellectuelle) peut apporter le bonheur.

phrase célèbre

« Il faut cultiver notre jardin. »
→ morale de ***Candide***

B Traités philosophiques

- ***Traité sur la Tolérance*** (1763) : pour défendre Calas, attaque l'« **infâme** » (fanatisme).
- ***Dictionnaire philosophique portatif*** (1764) : articles-essais polémiques.

13

Jean-Jacques Rousseau
(1712-1778)

Lue Relue Apprise

Romancier, philosophe et autobiographe.
Mouvement : Lumières et pré-romantisme

mes notes

1 Repères biographiques

- Mis en apprentissage par un père fantasque. Jeunesse vagabonde.
- Il est recueilli par **Madame de Warrens** qu'il appelle « Maman ».
- Se lie d'amitié avec les philosophes des Lumières. Il commence à écrire, devient célèbre et se brouille avec ses relations, voyage seul.
- Abandonne ses cinq enfants aux Enfants Trouvés.

2 Caractéristiques de l'œuvre

A Musique. Il rédige des articles de *l'Encyclopédie* sur ce thème.

B Philosophie.

- Pour Rousseau, la civilisation est source de vice, et corrompt l'homme, bon naturellement (mythe du bon sauvage – v. fiche 11) : ***Discours sur les sciences et les arts*** (1750), ***Discours sur l'origine de l'inégalité*** (1755).
- Il propose une société idéale (***Du Contrat social***, 1762) et une nouvelle éducation (*Émile ou De l'éducation*, 1762).

C Condamnation du théâtre. celui-ci ne peut pas éduquer car il est source de vice (***Lettre à d'Alembert sur les spectacles***, 1758). Cette position le brouille avec les philosophes des Lumières.

D Pré-romantisme. Importance des émotions et du moi (***La Nouvelle Héloïse*** et ***Les Rêveries du promeneur solitaire***). Pour justifier l'abandon de ses enfants, il écrit ***Les Confessions*** et **fonde le genre autobiographique.** Cela se heurte à l'esthétique classique toujours en vigueur selon laquelle « *le Moi est haïssable* » (Pascal).

3 Œuvres principales

- ***Du Contrat social*** (1755) : aucun homme n'a naturellement le droit d'en assujettir un autre, le gouvernement n'est que la représentation du pouvoir du peuple, importance des lois, la liberté est le bien naturel et suprême.
- ***La Nouvelle Héloïse*** (1761) : roman épistolaire pré-romantique. Correspondance entre deux amants éloignés qui s'aiment d'un amour impossible. Titre en référence à Héloïse et Abélard (amour sublimé).
- ***Les Confessions*** (1782-1789) : première autobiographie. Caractère déterminant de l'enfance dans la formation d'un individu, regard de l'adulte sur l'enfant qu'il fut.

Denis Diderot
(1713-1784)

Lue ▢ Relue ▢ Apprise ▢

mes notes

Romancier, dramaturge, philosophe
Mouvement littéraire : Lumières

1 Repères biographiques

- Destiné à la prêtrise, il s'évade et gagne Paris où il vit de petits travaux et de traductions d'ouvrages anglais. Puis il écrit ses propres œuvres.
- Esprit curieux de tout, il devient progressivement **matérialiste** (v. fiche 11).
- Ses écrits lui valent une censure récurrente et même la prison.
- Tentative de **despotisme éclairé** (v. fiche 11) auprès de Catherine II de Russie qui se solde par un échec.

2 Genèse et caractéristiques de l'œuvre

A Réalisme. Sa jeunesse parisienne lui inspire ***Le Neveu de Rameau.*** Innove avec ***Jacques le Fataliste*** en montrant la machinerie romanesque.

B Théâtre. Invente un nouveau genre littéraire, le **drame bourgeois** : ***Le Fils naturel*** est inspiré de ses relations avec son père.

C Philosophie. Lecteur de Voltaire, il multiplie les textes de tout genre attaquant la religion, l'esclavage, le despotisme, l'arbitraire. ***L'Encyclopédie*** occupe 20 ans de sa vie.

3 Œuvres principales

A Roman. *Jacques le Fataliste* (1765-1773) : conversation décousue entre Jacques et son maître au cours d'un voyage. Le récit promis des amours de Jacques n'est jamais raconté ; mise à jour de l'illusion romanesque.

B Philosophie

- ***Encyclopédie*** (1748-1772) : v. fiche 11 sur Les Lumières.
- ***Lettre sur les aveugles à l'usage de ceux qui voient*** (1749) : essai matérialiste qui l'envoie en prison.
- ***Supplément au voyage de Bougainville*** (1773-1778) : suite fictive du récit de voyage du vrai navigateur Bougainville. Attaque de l'esclavage, de la colonisation, blâme des Européens, éloge des Tahitiens.

phrase célèbre

« Comment s'étaient-ils rencontrés ? Par hasard, comme tout le monde. Comment s'appelaient-ils ? Que vous importe ? […] Vous voyez, lecteur, que je suis en beau chemin, et qu'il ne tiendrait qu'à moi de vous faire attendre un an, deux ans, trois ans, le récit des amours de Jacques », incipit de ***Jacques le fataliste***

→ Jeu sur les informations habituelles d'un *incipit* : où, quand, qui, quoi, comment ?

→ Illusion romanesque montrée.

14 Le romantisme

Lue Relue Apprise

mes notes

Mouvement littéraire et culturel touchant la poésie et le théâtre dans la première moitié du XIXe siècle.

info-clé

Le romantisme donne la priorité à **l'émotion**, au **lyrisme de la passion**, à travers des textes à **la première personne**.

1 Contexte historique

A Une période mouvementée

- Après la Révolution française se succèdent plusieurs régimes politiques. Le retour de la monarchie en 1815 fige les espoirs des jeunes gens ambitieux, qui ne trouvent plus leur place.
- C'est la question fondamentale du romantisme : **quelle place trouver dans le monde ?** Ce sentiment de malaise, le **« Mal du siècle »**, conduit à exprimer sa sensibilité et son imagination.

B Un mouvement européen

- Le mouvement romantique naît à la fin du XVIIIe siècle en Allemagne et en Angleterre. L'adjectif *romantic* désigne un paysage en accord avec un état d'âme.
- **Ce mouvement célèbre une osmose entre l'homme et la nature**, et s'inspire des vieilles légendes nationales.

Mme de Staël (1766-1817)

- Essayiste et romancière d'origine suisse. Mène une vie peu commune pour une femme de son époque : influence littéraire précoce, intérêt pour la politique, vie sentimentale tumultueuse, voyages.
- Elle est une pionnière dans la défense du droit au bonheur pour les femmes.

C Le mouvement romantique en France

- La première génération romantique est constituée d'artistes exilés par la Révolution française (**Mme de Staël, Benjamin Constant, Chateaubriand**).
- Dès 1820, avec le succès des ***Méditations*** de Lamartine, le mouvement se développe. Les auteurs les plus célèbres sont **Lamartine, Musset, Vigny** et **Hugo.**
- Il touche également la peinture (Delacroix, Géricault) et la musique (Berlioz).

2 Les thèmes majeurs

A Un registre et des thèmes privilégiés

- Le mouvement se caractérise en poésie par l'utilisation du **registre lyrique**, dans lequel l'écrivain exprime ses sentiments personnels.

L'astuce du prof

Le **lyrisme** vient du mot *lyre*, un instrument de musique. Il faut donc être attentif dans un texte lyrique aux effets de rythmes et de sonorités, tout autant qu'à l'expression de sentiments personnels.

mes notes

- Les thèmes les plus fréquents sont **l'amour, la fuite du temps, le rapport de l'homme à la nature, le dépaysement par le voyage dans le temps et l'espace.**

B L'individu et la collectivité

- Le romantisme n'est pas toujours un repli sur soi.
- Le poète se veut aussi porte-parole de Dieu, dont il se considère comme le prophète inspiré.
- Il peut s'engager pour des causes importantes, en se faisant le porte-parole du peuple. La poésie devient alors une arme contre les injustices.

C Le refus des règles

- Le romantisme se définit souvent par opposition au classicisme, en privilégiant le sentiment par rapport à la raison, mais aussi en rejetant les contraintes formelles.
- **Le drame romantique se libère de la règle des trois unités** (v. fiche 6), et propose un ton nouveau, entre **sublime** et **grotesque**.
- En poésie, **l'alexandrin se disloque** par des coupes qui ne sont plus fixes, des rejets et contre-rejets.
- Certaines formes poétiques telles que **l'ode, la ballade, la chanson** sont remises à l'honneur.

3 Les grandes œuvres romantiques

- ***Les Méditations*** (Lamartine, 1820) : recueil de vingt-quatre poèmes. Le poète exprime ses souffrances, ses interrogations en prenant la nature pour confidente.
- ***Hernani*** (Hugo, 1830) : pièce de théâtre. Au XVIe siècle, deux amants et aristocrates espagnols sont poursuivis par la jalousie d'un troisième personnage. Sa première représentation fut à la fois un triomphe et un **scandale** (affrontement entre jeunes romantiques et tenants des règles classiques).
- ***Les Contemplations*** (Hugo, 1856) : volumineux recueil de poèmes autobiographiques. Le poète y évoque ses souvenirs, ses joies et ses peines. Cette œuvre est aussi un hommage d'Hugo à sa fille Léopoldine, morte accidentellement noyée.

Les romantiques

- **Lamartine** (1790-1869), poète
- **Musset** (1810-1857), poète, dramaturge
- **Vigny** (1797-1863), poète, dramaturge
- **Hugo** (1802-1885), poète, dramaturge, romancier

15

François-René de Chateaubriand (1768-1848)

Lue Relue Apprise

mes notes

Homme de lettres
Mouvement littéraire : romantisme

1 Repères biographiques

- **Vie privée** : issu d'une vieille famille **aristocratique** de Saint-Malo, il passe son enfance dans le château de **Combourg** en Bretagne.
- Par la suite, il voyage beaucoup (Amérique du Nord, Angleterre, Orient...).
- **Engagement politique** : après son exil pendant la Révolution, il participe à la vie politique, sous le Premier Empire, et surtout lors de la Restauration. Il est particulièrement actif lors des **Cent jours**, qui ramènent les Bourbons sur le trône. Après la révolution de 1830, il se retire de la vie politique et se consacre à l'écriture de ses **mémoires**.
- **Convictions religieuses** : après une période de doute, Chateaubriand, à la mort de sa mère, retrouve la **foi catholique**. Il l'exprime en particulier dans ***Le Génie du Christianisme*** (1802).

2 Caractéristiques de l'œuvre

A Le « vague des passions ». Chateaubriand développe le premier ce motif cher aux romantiques ; il le définit comme *« un état de l'âme [...] qui précède le développement des grandes passions »* (***Génie du christianisme***).

B La nature et le moi. Pour analyser les sentiments intimes du moi, Chateaubriand recourt souvent à des **paysages-état d'âme** : une nature tourmentée et automnale sert à évoquer les tourments de l'âme.

C Le lyrisme.

Les écrits de Chateaubriand sont empreints d'un **lyrisme souvent exacerbé** : omniprésence de la première personne, champ lexical des sentiments, ponctuation expressive, musicalité des longues phrases.

phrase célèbre

« Levez-vous, orages désirés qui devez emporter René dans les espaces d'une autre vie ! », René.

→ Exemple du lyrisme romantique de Chateaubriand.

3 Œuvres principales

- ***René*** (1802) : roman à dimension autobiographique dans lequel Chateaubriand évoque son amour pour sa sœur Lucile.
- ***Les Mémoires d'Outre-tombe*** (1848) : œuvre à la fois autobiographique et historique, que l'auteur souhaita voir publier de manière posthume.

Stendhal
(1783-1842)

mes notes

☐ Lue ☐ Relue ☐ Apprise

Romancier • Mouvement littéraire : réalisme

1 Repères biographiques

- Henri Beyle est son vrai nom. Stendhal n'est qu'un de ses nombreux noms de plume.
- Orphelin de mère et éduqué sévèrement dans un milieu conservateur de province, il conçoit une vraie haine pour la religion et la monarchie.
- Après de brillantes études, il devient haut fonctionnaire dans l'armée et suit les campagnes napoléoniennes : la découverte de l'Italie l'enchante. Il y fera toute sa vie de longs séjours.
- *La Chartreuse de Parme* connaît un certain succès, mais l'ensemble de son œuvre n'est vraiment découverte qu'au XXe siècle.
- Beaucoup de déceptions sentimentales nourriront sa réflexion sur l'amour.

2 Caractéristiques de l'œuvre

A Romantisme et réalisme. Stendhal présente dans ses romans une étude historique et sociologique précise de la société de son temps. Cependant, ses héros sont souvent de jeunes idéalistes romantiques.

B L'amour. L'analyse du sentiment occupe une grande place dans l'œuvre. L'être aimé est souvent l'objet d'une **cristallisation** : il est paré de qualités qu'il ne possède pas et en est transformé.

C Les interventions du narrateur. Il porte un regard moqueur et attendri sur ses personnages, et ne se prive pas d'intervenir dans le récit pour nous livrer ses jugements.

3 Œuvres principales

- ***Le Rouge et le Noir*** (1830) : Julien Sorel, destiné à une carrière ecclésiastique, rêve de gloire militaire. Il veut séduire les femmes pour gravir l'échelle sociale, mais tombe amoureux de celle dont il éduque les enfants.
- ***La Chartreuse de Parme*** (1839) : Fabrice del Dongo, un jeune Italien, suit les campagnes napoléoniennes pour se couvrir de gloire.

phrases célèbres

- *« Le roman est un miroir que l'on promène le long d'un chemin », Le Rouge et le Noir.*

→ Le roman est le reflet d'une réalité historique et sociale.

- *« Ce que j'appelle la cristallisation, c'est l'opération de l'esprit, qui tire de tout ce qui se présente la découverte que l'objet aimé a de nouvelles perfections », De l'Amour.*

Victor Hugo
(1802-1885)

16

Lue Relue Apprise

Poète, dramaturge et romancier
Mouvement littéraire : romantisme

mes notes

1 Repères biographiques

- **Origines :** fils d'un général d'empire et d'une royaliste.
- **Vie privée :** marié, cinq enfants. Une maîtresse importante : l'actrice Juliette Drouet. Le grand drame de sa vie fut de perdre sa fille Léopoldine, accidentellement noyée.

2 Genèse et caractéristiques de l'œuvre

A Engagements politiques

Député lors de la Seconde République, c'est un adversaire de la peine de mort, du travail des enfants, de la misère. Opposant farouche de Napoléon III, il est exilé à Guernesey pendant presque vingt ans.

B Caractéristiques de son œuvre

- **Le théâtre :** il rédige le manifeste du romantisme, la préface de sa pièce ***Cromwell***, qui prône la liberté dans l'art, et le refus des règles classiques au théâtre. En 1830, son drame ***Hernani*** provoque une véritable bataille entre classiques et romantiques.
- **La poésie :** le poète a un rôle de visionnaire, intermédiaire entre Dieu et les hommes. Le poète utilise le plus souvent l'alexandrin, qu'il disloque volontiers, et mélange les registres.

3 Œuvres principales

- ***Ruy Blas*** (1838) : drame romantique célèbre. Ruy Blas, valet devenu ministre et amant de la reine, incarne les valeurs d'un peuple plein de noblesse.
- ***Les Châtiments*** (1853) : recueil de poèmes de révolte à l'égard de Napoléon III. Ce pamphlet dénonce un régime autoritaire, en maniant les registres satirique et épique.
- ***Les Misérables*** *(1862)* : ce roman monumental regroupe toutes les préoccupations de l'auteur : la fatalité, l'injustice, le pouvoir du Bien. Il propose aussi des personnages inoubliables : Jean Valjean et Cosette.

vers et phrase célèbres

- ***« Demain, dès l'aube, / à l'heure où blanchit / la campagne », Les Contemplations***
  → Premier vers d'un « poème-anniversaire » dans lequel Hugo évoque son chagrin face à la mort de Léopoldine.
- ***« Ma poésie est honnête, mais pas modérée »***, correspondance à son éditeur Hetzel
  → La poésie doit réveiller le peuple, en dénonçant les injustices.

Alfred de Musset
(1810-1857)

Lue Relue Apprise

Poète, dramaturge, romancier
Mouvement littéraire : romantisme

mes notes

1 Repères biographiques

- **Origines** : enfant d'une famille aisée. Élève brillant, il abandonne ses études pour fréquenter les écrivains et les lieux de débauche parisiens. Il connaît le succès jeune, avec les *Contes d'Espagne et d'Italie* (1830).
- **Vie privée** :
  - Une passion orageuse avec la femme écrivain George Sand pendant deux ans, qui le laisse brisé moralement.
  - Atteint d'une maladie de cœur, il écrit ses œuvres majeures jeune, et connaît ensuite la déchéance. Abusant d'alcool et d'opium, il meurt dans l'indifférence générale.

2 Genèse et caractéristiques de l'œuvre

A Influences. Il partage les préoccupations des Romantiques :
rejet des règles classiques, attrait pour l'exotisme ou l'histoire, lyrisme débridé, expression personnelle des tourments d'une âme.

B Son originalité

- Il se détache du romantisme par un pessimisme parfois cynique : l'amour-propre gâche les sentiments les plus vrais, le bonheur est rare, les hommes souvent mauvais.
- Un seul espoir : connaître le chagrin, qui purifie l'âme et rapproche de ses frères humains. Seule une souffrance vraie permet la création.

3 Œuvres principales

- ***Les Nuits*** (1835-1837) : quatre longs poèmes sous forme de dialogue entre la Muse et le poète, qui s'interroge sur ses douleurs et son rôle d'artiste.
- ***Lorenzaccio*** (1834) : drame historique tiré d'un fait réel, l'assassinat du duc de Florence par son cousin républicain, Lorenzo de Médicis. Ce personnage ambigu, cynique et idéaliste, est un double de l'écrivain.

vers et phrase célèbres

- ***« C'était dans la nuit brune, / Sur le clocher jauni/ La lune/ Comme un point sur un i. », Contes d'Espagne et d'Italie,*** « Ballade à la lune »
→ La première strophe de ce poème est un pied de nez à la versification traditionnelle, mais aussi au « cliché » romantique de la lune.
- ***« J'ai souffert souvent, je me suis trompé quelquefois, mais j'ai aimé. », On ne badine pas avec l'amour***

17 Charles Baudelaire (1821- 1867)

Lue Relue Apprise

Poète, précurseur du symbolisme

mes notes

1 Repères biographiques

- **Origines :** héritier bourgeois, il ne supporte pas le remariage de sa mère avec un militaire rigide qui l'empêche de gérer lui-même son argent.
- **Vie privée :**
  - Trois maîtresses connues : deux actrices, Jeanne Duval et Marie Daubrun, et Apollonie Sabatier, une bourgeoise émancipée.
  - Il s'adonne à l'alcool, la paresse, la luxure. Condamné pour immoralité en 1857 à cause des ***Fleurs du Mal***, le poète se sent « maudit ».

2 Genèse et caractéristiques de l'œuvre

A Influences

- **Un parrain : le poète Théophile Gautier.** Il lui enseigne le goût du travail formel et la virtuosité poétique.
- Baudelaire n'appartient à aucun mouvement littéraire : influencé par les romantiques et le Parnasse, il influencera à son tour les symbolistes.

lexique

Parnasse : groupe de poètes (Gautier, Hérédia, Leconte de Lisle...) intéressés par la perfection formelle et le culte de « l'Art pour l'Art ».

B L'Art selon Baudelaire

- Le poète admire la « modernité » qui consiste à refuser les canons habituels de la Beauté : le « Beau » peut être « bizarre ».
- L'artiste doit explorer les correspondances (ou accords) entre différentes sensations.
- L'homme est tiraillé entre le Spleen, état mélancolique, et l'Idéal, qui l'élève.

vers célèbres

- ***« Le Poète est semblable au Prince des nuées/[...] Ses ailes de géant l'empêchent de marcher », Les Fleurs du Mal, « L'albatros »***

→ Comme un albatros, le poète plane au-dessus des hommes mais échoue à vivre parmi eux.

- ***« Tu m'as donné ta boue et j'en ai fait de l'or » Les Fleurs du Mal*** - Appendices

→ Le poète est capable de transformer la laideur du monde en beauté poétique.

3 Œuvres principales

- ***Les Fleurs du Mal*** (1857), son chef-d'œuvre. L'Homme est en proie au mal et échoue à s'élever par l'amour, l'exotisme ou l'ivresse. Dans ce voyage aux Enfers, la création poétique est son salut. Le poète joue avec les rythmes et sonorités de la poésie versifiée.
- ***Les Petits Poèmes en prose*** (1869) sont des tableaux parisiens en prose poétique qui dépeignent la beauté et les bizarreries de la vie urbaine.

Gérard de Nerval
(1808- 1855)

☐ Lue ☐ Relue ☐ Apprise

mes notes

Poète • Mouvement littéraire : romantisme

1 Repères biographiques

- Gérard de Nerval est le pseudonyme de Gérard Labrunie.
- **Origines :** Il perd sa mère jeune, et ne connaît même pas son visage, ce qui le hantera. Élevé dans le Valois (l'Oise actuelle), futur décor champêtre de certaines de ses œuvres.
- **Vie privée :**
  - Amoureux de l'actrice Jenny Colon qui en épouse un autre. Il se réfugie dans le voyage, en Europe puis en Orient.
  - À partir de 1841, il connaît les premières attaques de la folie, qui l'emmène dans des royaumes imaginaires. Il finit par se pendre à Paris, en pleine rue.

2 Influences et genèse de l'œuvre

A Influences et engagements

Lors de la bataille d'*Hernani*, il se range du côté des romantiques.

phrase clé
«Inventer au fond, c'est se ressouvenir », Préface aux *Filles du feu.*

B Les grands traits de son œuvre

- **Rêve et réalité :** l'œuvre a une dimension fantastique, car la réalité est transformée en rêve, souvenir ou illusion. La femme, à la fois mère, déesse et épouse, occupe une place primordiale. Cet univers inquiétant est peuplé d'apparitions et de doubles de l'écrivain.
- **La nostalgie :** au passé correspondent les moments heureux de l'enfance, que l'écriture permet de retrouver et de fixer.

3 Œuvres principales

- ***Les Chimères*** (1854) : douze sonnets dans lesquels le poète, marqué par la folie, s'interroge sur son identité. Ils sont peuplés d'apparitions féminines mystérieuses.
- ***Les Filles du feu*** (1854) : nouvelles marquées chacune par une femme-flamme vivante et vacillante. L'auteur puise dans ses souvenirs et ses rêves pour construire un monde imaginaire peuplé des chansons de son enfance.

vers célèbre
« Je suis le ténébreux, le veuf, l'inconsolé », *Les Chimères*, « El Desdichado »
→ Le poète se voit en chevalier noir et déshérité. Ce sonnet est le plus célèbre du recueil.

18 Réalisme et naturalisme

Lue Relue Apprise

mes notes

Réalisme : mouvement littéraire qui naît en France dans les années 1830.

Naturalisme : mouvement littéraire, issu du réalisme, qui s'affirme en France dans les années 1870.

info-clé

Le **réalisme** et le **naturalisme** ont en commun de vouloir rendre compte de la réalité.

1 Contexte historique

A Mutations politiques

- Les régimes se succèdent dans la deuxième moitié du XIXe siècle. Le Second Empire (1852-1870) instaure la toute puissance des notables et met fin aux aspirations des poètes romantiques, dont certains avaient participé avec enthousiasme à la révolution de février 1848.
- Désormais les écrivains ne veulent plus bercer le peuple du *« rêve cher aux malheureux du bonheur universel »* (Zola) mais **observer le réel**.

B Progrès scientifique

- **Positivisme** : Auguste Comte, ***Cours de philosophie positive***, souligne le rôle du progrès de la raison dans l'histoire de l'humanité et propose d'appliquer les méthodes des sciences expérimentales à la société humaine.
- **Physiologie** : le docteur Lucas, ***Traité philosophique et physiologique de l'hérédité naturelle***, démontre l'influence du milieu et de l'hérédité sur les êtres vivants.
- **Diffusion du savoir** : presse à grand tirage, livre bon marché, succès des expositions universelles.

2 Les principes

A Du réalisme au naturalisme

- **Le réalisme.** On qualifie de **réalistes** des œuvres qui représentent la vie quotidienne, la réalité banale, sans chercher à leur donner un sens symbolique.
- Le réalisme est alors **critiqué** et l'on assimile souvent « réaliste » à **grossier** ou **vulgaire.** Ainsi, le roman de **Flaubert, *Madame Bovary*** **(1857)** fait scandale.

historique

- **1849** : c'est pour qualifier un tableau de Courbet, ***L'Après-dînée à Ornans***, qui représente une scène de la vie quotidienne des paysans, que l'on emploie pour la première fois l'adjectif « **réaliste** ».
- Il s'appliquera ensuite à des œuvres littéraires, y compris antérieures.

- **Le naturalisme.** C'est à cause de cette mauvaise réputation que le critique Castagnery crée en **1863** le terme de **naturalisme** : *« son but unique*

mes notes

est de reproduire la nature en l'amenant à son maximum de puissance et d'intensité ».

- Ce courant connaît son apogée dans les années **1870** et son chef de file est **Zola** (v. fiche 18).

B Représenter le réel ?

- Le romancier naturaliste « prétend nous donner une image exacte de la vie » (Maupassant, préface de ***Pierre et Jean***).
- Il effectue donc un véritable travail d'**enquête** et il n'a aucun tabou : il ose représenter la **misère sociale** (ex. : le personnage principal de ***Germinie Lacerteux*** – 1865 –, roman des frères Goncourt, est une domestique), le **corps** (ex. : la dernière page de ***Nana*** – 1880 –, de Zola, décrit le corps en putréfaction d'une prostituée).

histoire des arts

Les auteurs **naturalistes** sont proches des peintres **impressionnistes**, qui sortent de leurs ateliers pour saisir en plein air la nature dans ce qu'elle a de changeant.

C Ou donner l'illusion de la réalité ?

- La littérature ne peut pas rendre compte exactement de la réalité, les romanciers ne sont pas des photographes. Le romancier voit **« à travers un tempérament »** (Zola) : il analyse le réel qui l'entoure en fonction de son origine sociale, sa culture, ses goûts, ses passions. Les choix narratifs qu'il opère sont une forme de jugement.
- le romancier n'est pas seulement un « observateur », il est aussi un **« expérimentateur »** (Zola) : il invente des histoires de manière à placer ses personnages dans des situations intéressantes.

3 Les grandes œuvres réalistes et naturalistes

- ***La Comédie humaine*** (Balzac, 1836-1850) : ensemble de 65 romans qui entend faire « concurrence à l'état civil » ! Il veut en effet peindre toute les couches de la société. Il innove avec le principe du personnage récurrent que l'on retrouve d'un roman à l'autre, comme Vautrin.
- ***Les Rougon-Macquart*** (Zola, 1871-1893) : Zola s'inspire du modèle de la ***Comédie humaine***. Il établit l'arbre généalogique d'une famille du Second Empire, dont l'ancêtre, Tante Dide, était mariée à un bourgeois, Rougon, et a eu pour amant un homme du peuple, Macquart. Les deux branches de la famille investissent ainsi toute les classes sociales.
- ***L'Éducation sentimentale*** (Flaubert, 1869) : roman qui met en scène Frédéric Moreau, personnage désenchanté et passif, qui assiste sans réellement y prendre part aux bouleversements politiques de la deuxième moitié du XIXe siècle.

Honoré de Balzac
(1799-1850)

19

☐ Lue ☐ Relue ☐ Apprise

Romancier • Mouvement littéraire : réalisme

mes notes

1 Repères biographiques

- **Vie sociale** : travaille de manière acharnée (romans, essais, pièces de théâtre) mais croule sans cesse sous les **dettes**, ce qui l'oblige à déménager souvent. Il **s'épuise** et meurt prématurément.
- **Vie privée :** se marie en 1850 avec la comtesse Hanska, à qui il a écrit des lettres d'amour pendant dix-sept ans.

2 Caractéristiques

A Influences

- Balzac est un auteur **réaliste** qui veut peindre la société de son temps.
- Mais certaines de ses œuvres (ex. : ***Le Lys dans la vallée***) sont marquées par le **romantisme.**

phrase-clé

« faire concurrence à l'état-civil », avant-propos à ***La Comédie humaine***

→ Telle est l'ambition réaliste de Balzac.

B Une somme romanesque colossale

- Balzac a écrit 91 romans. ***La Comédie humaine*** est un vaste cycle romanesque qui réunit des romans très différents les uns des autres :
  - des romans psychologiques (ex. : ***Le Père Goriot***) ;
  - des romans fantastiques (ex. : ***La Peau de Chagrin***) ;
  - des romans historiques (ex. : ***Les Chouans***).
- Ils mettent en scène des personnages qui constituent des **types sociaux** : par exemple Rastignac (***Le Père Goriot***, entre autres) incarne le jeune ambitieux.

C De nombreux héritiers

Balzac influence de nombreux écrivains, notamment **Flaubert** (v. fiche 20) et **Zola.**

3 Œuvres principales

- ***Le Père Goriot*** (1835) : ce roman, qui commence par la longue description de la pension Vauquer, est une référence quand on parle de roman réaliste. Il introduit les personnages principaux de ***La Comédie humaine.***
- ***Le Lys dans la vallée*** (1836) : roman d'amour d'inspiration romantique.

phrase célèbre

« À nous deux Paris ! », Rastignac dans ***Le Père Goriot***

→ Défi que lance le jeune ambitieux à la capitale de l'argent et du pouvoir.

Émile Zola
(1840-1902)

Lue Relue Apprise

mes notes

Homme de lettres • Mouvement littéraire : naturalisme

1 Repères biographiques

A Parcours

- Zola entre dans la carrière littéraire par le **journalisme**, en écrivant notamment des critiques littéraires et des critiques d'art.
- Il s'illustre en particulier par un **grand cycle romanesque** de 20 romans, les Rougon-Macquart : les différents membres de la famille Rougon-Macquart incarnent différentes couches sociales sous le Second-Empire.
- Il devient chef de file du mouvement **naturaliste** (v. fiche 18) et réunit des romanciers dans sa maison de **Médan.**

B Engagement politique

- Zola s'engage **contre le Second-Empire** (articles politiques, romans).
- Il prend parti **en faveur de Dreyfus**, officier juif injustement accusé d'espionnage, dans une série d'articles dont le plus célèbre est « J'accuse » (*L'Aurore*, 1897).

2 Genèse et caractéristiques de l'œuvre

A Influence littéraire. Zola a été très influencé par l'œuvre de Balzac.

B Influences artistiques. Zola est proche des **impressionnistes** et ses romans en portent la marque (descriptions travaillées, importance des couleurs, à la fois symboliques et esthétiques).

C Influences scientifiques. Zola s'inspire de différents ouvrages scientifiques (travaux du docteur Lucas sur l'hérédité, de Claude Bernard sur l'expérimentation médicale, d'Auguste Comte sur le progrès) : il souhaite démontrer l'influence sur les êtres de **l'hérédité** familiale et du **milieu** dans lequel on vit.

3 Œuvres principales

- ***Thérèse Raquin*** (1867) : Zola prétend « faire sur deux corps vivants le travail analytique que les chirurgiens font sur les cadavres » (préface du roman).
- ***L'Assommoir*** (1877) : le plus polémique des romans de Zola met en scène la déchéance d'une ouvrière, Gervaise, qui se perd dans l'alcool.

phrase célèbre

« Le romancier est fait d'un observateur et d'un expérimentateur », Le Roman expérimental.

→ Zola donne ici sa définition du naturalisme.

20

Gustave Flaubert
(1821-1880)

Lue Relue Apprise

Romancier • Mouvement littéraire : réalisme

mes notes

1 Repères biographiques

- **Vie privée** : rencontre en 1836 **Élisa Schlésinger**. Il est bouleversé par cette rencontre, dont il s'inspire pour écrire ***L'Éducation sentimentale***. Relation amoureuse et épistolaire avec **Louise Colet**.
- **Vie sociale** : s'installe à Croisset, près de Rouen, pour travailler en paix. Cela ne l'empêche pas de fréquenter aussi les milieux parisiens.

2 Influences et caractéristiques de l'œuvre

A Influences

- Auteur réaliste, Flaubert s'inspire de **la réalité telle qu'il a pu l'observer**.
- Balzac l'influence aussi (ex. : ***L'Éducation sentimentale*** s'inspire du ***Lys dans la vallée***).
- À son tour, il est un modèle pour Zola et surtout Maupassant.

phrase célèbre

« Le mot ne manque jamais quand on possède l'idée », Correspondance

→ Flaubert a besoin de plusieurs années pour composer un roman : il ne renonce jamais à trouver le mot juste...

B Obsession perfectionniste

- Flaubert est un travailleur acharné qui accorde une grande importance à la **dimension esthétique** de ses œuvres.
- Il passe ses textes à l'épreuve du « gueuloir » : il les lit à haute voix pour voir s'ils sonnent bien.

C Ironie

- Flaubert pratique l'ironie : il prend ses distances avec ses personnages, dont il se moque.
- La moquerie est implicite : elle réside dans la place d'un adjectif, le temps d'un verbe...

phrases célèbres

- ***« Il voyagea », L'Éducation sentimentale***

→ Flaubert résume dix ans de la vie de Frédéric Moreau en un passé simple, temps qui traduit en général des actions brèves... Quelle audace !

- ***« C'était à Mégara, faubourg de Carthage, dans les jardins d'Hamilcar »***, première phrase de ***Salammbô***

→ Passez cette phrase au « gueuloir » !

3 Œuvres principales

- ***Madame Bovary*** (1857), roman réaliste, inspiré d'un fait divers. Flaubert est accusé d'atteinte aux bonnes mœurs.
- ***L'Éducation sentimentale*** (1869), roman d'apprentissage qui met en scène Frédéric Moreau, jeune homme passif qui assiste sans intervenir à la révolution de 1848.

Guy de Maupassant
(1850-1893)

Lue · Relue · Apprise

mes notes

Homme de lettres • Mouvement littéraire : naturalisme

1 Repères biographiques

- **Origines** : la Normandie, paradis des peintres impressionnistes.
- **Parcours** : travaille d'abord dans différents ministères, avant de se consacrer à la littérature (romans, nouvelles, articles) et aux voyages.
- **Vie privée** : Maupassant est atteint de syphilis. Victime d'hallucinations angoissantes, il finit dans un hôpital psychiatrique.

2 Genèse et caractéristiques de l'œuvre

A Influences. Fréquente les milieux littéraires ; il rend visite à Flaubert à Croisset ; il assiste aux soirées de Médan organisées par Zola.

B Une œuvre à deux faces

- **Les écrits naturalistes** (ex. : *Une Vie, La Maison Tellier*) : Maupassant met en scène les milieux qu'il connaît dans des textes **souvent pessimistes.** Il théorise sa conception du naturalisme dans la préface du roman *Pierre et Jean.*
- **Les nouvelles fantastiques** (ex. : *Le Horla, La Main*) : événements étranges qui surviennent dans un univers quotidien et banal, hésitation entre une explication rationnelle et une explication irrationnelle.

3 Œuvres principales

- *« Boule de suif »* (1880), in *Les Soirées de Médan* : première nouvelle de Maupassant à connaître du succès. Elle a pour cadre la guerre de 1870 contre la Prusse et pour personnage principal une jeune prostituée.
- *Bel Ami* (1885), roman naturaliste qui peint l'ascension sociale de Georges Duroy dans le milieu parisien de la presse.
- *Le Horla* (1887), nouvelle fantastique qui met en scène un personnage victime d'hallucinations, comme Maupassant lui-même.

l'astuce du prof

Vous pouvez vous familiariser avec les œuvres de Maupassant grâce à de très nombreuses **adaptations cinématographiques ou télévisuelles** : Jean Renoir, *Une Partie de campagne*, 1936 ; Max Ophüls, *Le Plaisir*, 1952 ; *Chez Maupassant*, 2008.

phrase célèbre

« Les grands artistes sont ceux qui imposent à l'humanité leur illusion particulière », Pierre et Jean (1887)

→ Une définition du naturalisme selon Maupassant.

21 Le symbolisme

☐ Lue ☐ Relue ☐ Apprise

mes notes

Mouvement littéraire et culturel français et belge, de la seconde moitié du XIXe siècle.

1 Contexte historique

A Des influences diverses

La littérature symboliste naît :

- du rejet des romans naturalistes qui tentent de tout expliquer rationnellement ;
- d'un dialogue fécond avec d'autres arts (peinture impressionniste, musique wagnérienne) ;
- de la découverte du rôle de l'inconscient, qui révèle un monde secret échappant aux réalités concrètes.

> **symbolisme en musique**
> **Richard Wagner** (1813-1883) : musicien allemand qui puise son inspiration dans l'univers féerique des vieilles légendes germaniques.

B Sa définition

En 1886, le poète Jean Moréas écrit ce qui deviendra le **manifeste** du mouvement dans un article du *Figaro*, que l'on peut résumer ainsi : **le monde ne peut se réduire à une réalité matérielle et concrète**. Il existe un monde d'idées plus profondes et plus mystérieuses auxquelles la poésie doit essayer d'accéder.

> **lexique**
> **Manifeste** : déclaration écrite dans laquelle un groupe expose son programme, ses valeurs.

C Le groupe symboliste

- Les artistes symbolistes les plus importants sont **Stéphane Mallarmé, Paul Verlaine, Arthur Rimbaud** et **Jules Laforgue** en littérature, **Gustave Moreau** en peinture.
- Le groupe connaît une certaine unité grâce à la publication de revues (*Le Symboliste* de Gustave Kahn), et aux rencontres des « mardis » chez Mallarmé, dont les symbolistes font leur chef de file.
- Mais tous les artistes n'acceptent pas forcément d'être regroupés sous ce titre, à l'image de Verlaine.

2 Les thèmes majeurs

A Le symbole

- Pour révéler cette idée du monde plus profonde et mystérieuse, l'artiste dispose du symbole, un être ou un objet représentant une idée ou une notion à laquelle il est lié par un rapport d'analogie.

mes notes

- **L'allégorie, la métaphore ou la métonymie** (v. fiche 43) sont donc les figures privilégiées du symbolisme.
- Les thèmes symbolistes sont variés et s'étendent à l'univers entier : il s'agit **d'exprimer une représentation intérieure**.

Lexique

Allégorie : représentation concrète d'une idée abstraite.

B Musicalité et harmonie

- La sonorité d'un mot, la musique qu'il fait naître est l'objet d'une véritable recherche. Seule compte l'harmonie créée par sa place dans le vers ou son rapprochement avec d'autres mots.
- Les symbolistes accordent donc une importance particulière aux assonances, allitérations et rimes, mais aussi aux rythmes par le choix des coupes et des enjambements, ou du **vers impair**, jugé plus musical.

C Les innovations formelles

- La recherche de musicalité ouvre la voie aux audaces formelles. C'est ainsi que naît le vers libre, qui n'obéit à aucune régularité de longueur ou de rime, et qui possède sa propre musique.
- Les poètes ont aussi de plus en plus fréquemment recours au poème en prose.

3 Les grandes œuvres symbolistes

- ***Romances sans paroles*** (Verlaine, 1874) : recueil symboliste majeur pour la recherche de la musicalité.
- Les sonorités priment sur les mots, et Verlaine généralise **l'emploi du vers impair**. Les paysages dépeints par petites touches rappellent l'impressionnisme.
- ***Les Complaintes*** (Laforgue, 1885) : Les complaintes sont à l'origine des chansons de rue.
- Outre la grande diversité des vers et rythmes utilisés, **le poète fait entendre une petite voix à la fois grinçante et attendrissante pour évoquer ses malheurs de jeune homme**.
- ***Poésies*** (Mallarmé, 1887) : recueil de quarante-neuf pièces rassemblées sur le tard.
- Le poète y manie **différentes formes versifiées**, dont le sonnet, objet de véritables trouvailles sonores. La poésie, renonçant aux mots de tous les jours et à la réalité, devient **une quête d'absolu pour accéder au monde des idées**.

Paul Verlaine
(1844-1896)

22

☐ Lue ☐ Relue ☐ Apprise

Poète • **Mouvement littéraire : symbolisme**

mes notes

1 Repères biographiques

- Enfant gâté d'une mère dévouée. Employé de bureau à la ville de Paris, il a tout loisir de fréquenter les milieux littéraires et les cafés.
- Marié, il aspire à une vie ordonnée et bourgeoise mais fait scandale par une grande passion avec Arthur Rimbaud, passion qui finit mal.
- Aux moments de sobriété et de foi religieuse sincère succèdent les séjours en prison, les crises d'alcoolisme et de violence. Verlaine meurt dans le dénuement bien que sacré **« prince des poètes »** peu avant sa mort.

2 Genèse et caractéristiques de l'œuvre

A Influences

- Fasciné par Baudelaire, il accompagne le mouvement parnassien (v. fiche 17).
- Il est également très influencé par les peintures galante et impressionniste.

vers célèbre

« De la musique avant toute chose, / Et pour cela, préfère l'Impair/ Plus vague et plus soluble dans l'air,/ Sans rien en lui qui pèse ou pose. », « Art poétique », Jadis et naguère

B Thèmes principaux

- **Le temps**. Le passé revient constamment sous forme de fantômes.
- **La femme**. Sensuelle, maternelle ou idéalisée. Mais certains poèmes d'amour ont dû être inspirés par la personne de Rimbaud.
- **La souffrance**. Indissociable de la beauté. Le poète prend plaisir à la contempler et à l'exprimer. Le bonheur est très rare.

C La musique de Verlaine.

Sa poésie est marquée par **une recherche de l'harmonie sonore**, par **l'emploi du vers impair**, des **enjambements** ou des **assonances**.

vers célèbres

- *« Je fais souvent ce rêve étrange et pénétrant/ D'une femme inconnue, et que j'aime, et qui m'aime », Poèmes saturniens, « Mon rêve familier »*
- *« Les sanglots longs/ Des violons/ De l'automne/ Blessent mon cœur/ D'une langueur / Monotone », Poèmes saturniens, « Chanson d'automne »*

3 Œuvres principales

- ***Les Poèmes saturniens*** (1866) : son recueil de jeunesse. Le poète place sa personnalité et sa poésie sous le signe d'une planète maléfique, Saturne, responsable de sa passivité et de sa faiblesse.

Arthur Rimbaud
(1854-1891)

Lue Relue Apprise

mes notes

Poète • Mouvement littéraire : symbolisme

1 Repères biographiques

- **Origines** : Né à Charleville. Reçoit une éducation sévère et religieuse de sa mère. Élève brillant, il est aussi très révolté et fugueur. À 17 ans, il rejoint Paris et ses cercles littéraires.
- **Vie privée** : Il séduit Verlaine, marié. Les deux hommes ont une liaison, et mènent une existence errante en Europe. Après une dispute, Verlaine blesse Rimbaud au pistolet. C'est la rupture.
- **Silence et voyages** : À partir de 1875, Rimbaud n'écrit plus et fait du commerce en Abyssinie (Éthiopie). Vie pénible et désargentée. Atteint d'une tumeur, il est amputé d'une jambe et meurt à 37 ans.

2 Genèse et caractéristiques de l'œuvre

A Influences

Trois parrains littéraires : son professeur Georges Izambard, le poète parnassien Théodore de Banville et Paul Verlaine.

B Engagements politiques

Rimbaud est un révolté, qui attaque dans ses poèmes la bourgeoisie conformiste, le catholicisme, la guerre et la misère.

C Le « poète voyant »

- La poésie est la recherche du nouveau et de l'inconnu, en dépassant les apparences. **Le poète se fait voyant**, il apporte à l'humanité ses inventions, et le progrès.
- **Sa quête d'harmonie** permet la construction d'un monde nouveau dans lequel les sensations fusionnent.
- Il rapproche des réalités éloignées, avec un **vocabulaire très varié** et un **langage dynamique**, qui mêle tous les registres.

3 Œuvres principales

- ***Poésies*** (1870-1871) : poèmes versifiés pleins d'innocence et de révolte.
- ***Illuminations*** (1873-1875) : vers libres et poèmes en prose, dans lesquels il dépeint un monde irréel, aux frontières du merveilleux.

phrases célèbres

- ***« On n'est pas sérieux quand on a dix-sept ans »**, Poésies, « Roman »*
- ***« Je est un autre »**, Lettre à Paul Demeny.*

→ le poète génial est autre que ce qu'il croyait être.

23 Le surréalisme

☐ Lue ☐ Relue ☐ Apprise

mes notes

Mouvement littéraire et culturel d'essence poétique qui connaît son apogée dans les années 1920 en France.

info-clé

Le surréalisme donne la primauté à l'**imagination** et **libère l'inconscient**, notamment par l'**écriture automatique** et l'**exploration systématique des rêves.**

1 Contexte historique

A Un moment particulier : l'entre-deux-guerres

- Le Surréalisme naît dans les années 20, également appelées « les années folles ».
- Après le traumatisme de la Première Guerre mondiale, la France se reconstruit et a soif de divertissement. La capitale ouvre ses bras aux artistes d'avant-garde.

B De nombreuses influences

Le surréalisme est un mouvement hérité :

- **des théories psychanalytiques de Freud**, qui révèle les richesses de l'inconscient ;
- **des travaux de l'économiste Karl Marx**, qui prône la révolution contre la bourgeoisie capitaliste ;
- **du mouvement artistique Dada de Tristan Tzara**, né pendant la guerre, qui veut détruire toute forme d'ordre.

Dada

- Mouvement littéraire et artistique international né pendant la Première Guerre mondiale en réaction à l'absurdité de celle-ci.
- Le terme volontairement dérisoire renvoie à l'univers de l'enfance et à une créativité débridée, débarassée du carcan de la logique et des conventions.

C Le groupe surréaliste

- Tous trois membres du mouvement Dada, Aragon, Breton et Éluard créent le Surréalisme, d'après un terme forgé par Apollinaire.
- Ils sont à la recherche d'une **« sur-réalité » merveilleuse**, qu'il faut découvrir par l'art.
- **En 1924 paraît le *Premier Manifeste Surréaliste*,** rédigé par André Breton, qui prend aussi la tête de la *Revue Surréaliste*. Le Surréalisme est alors défini de la manière suivante : *« Automatisme psychique pur par lequel on se propose d'exprimer soit verbalement, soit par écrit, soit de toute autre manière, le fonctionnement réel de la pensée. »*
- Les membres n'hésitent pas à recourir aux **provocations**, mais aussi aux **séances de création collective**, aux **organisations d'expositions**.
- La vie du groupe est mouvementée, car ponctuée de brouilles et d'exclusions (Desnos en 1929, Aragon en 1932).

mes notes

2 Les thèmes majeurs

A Le rôle de l'inconscient et du hasard

- La surréalité naît en l'absence de tout contrôle de la raison.
- C'est pourquoi les Surréalistes privilégient le surgissement de l'inconscient et du hasard par le biais des **récits de rêve**, de **l'écriture automatique ou de l'hypnose.**

Lexique

Écriture automatique : pratique qui consiste à écrire plusieurs pages sans rature ni relecture, et sans tenter de donner un sens rationnel au contenu.

B L'amour fou

- La femme occupe une place privilégiée dans l'univers surréaliste, qui lui attribue bien plus qu'un rôle de muse.
- Elle est considérée comme une sorte de médium, bien plus apte que l'homme à accéder à la surréalité. Tour à tour mystérieuse, maternelle et séductrice, elle transcende le quotidien des écrivains.

C Un autre langage

- Le mouvement s'oppose à la tradition poétique en **s'affranchissant des règles formelles de versification**, et privilégie le **vers libre**.
- Le procédé d'écriture majeur est **l'image** (comparaison ou métaphore), qui se veut la plus surprenante possible : elle naît du rapprochement insolite de deux réalités qui semblent n'avoir aucun rapport entre elles.
- Le poète laisse donc les mots jouer entre eux, ce qui explique le recours au jeu et à l'humour (calembours, humour noir, jeu du cadavre exquis...).

Lexique

Cadavre exquis : jeu dans lequel les participants composent à plusieurs une phrase ou un dessin sans savoir ce que les autres ont écrit.

3 Les grandes œuvres surréalistes

- ***Le Paysan de Paris*** (Louis Aragon – 1926) : sous la figure du narrateur, Aragon déambule dans Paris et en livre une description détaillée et hallucinée.
- ***Capitale de la douleur*** (Paul Éluard – 1926) : recueil de poèmes dédiés à Gala, la femme d'Éluard. Les thèmes essentiels en sont l'amour, le rêve, mais aussi la peinture.
- ***Nadja*** (André Breton – 1928) : récit autobiographique dans lequel Breton relate sa rencontre avec une mystérieuse jeune femme, Nadja. L'auteur y développe les thèmes de l'inconscient et de la folie.

24

Paul Éluard
(1895-1952)

☐ Lue ☐ Relue ☐ Apprise

Poète • Mouvement littéraire : surréalisme

mes notes

1 Repères biographiques

- Paul Éluard est le pseudonyme d'Eugène Grindel.
- **Origines** : de classe moyenne. De santé fragile, il interrompt ses études à 16 ans.
- **Vie privée** : se marie trois fois. Avec Gala, en 1917, qui le quitte pour le peintre Dali, Nusch en 1934, qui meurt brutalement d'une hémorragie cérébrale, et Dominique en 1951.

2 Genèse et caractéristiques de l'œuvre

- **Influences** : rejoint après la Première Guerre mondiale le mouvement Dada, qui prône la folie, et la destruction de toute forme d'ordre.
- **Il fonde le Surréalisme** avec André Breton et Louis Aragon en 1924, mais il se brouille avec Breton et rompt avec le mouvement en 1938.
  - **Engagements politiques** : soutient toutes les révolutions.
  - Adhère au Parti Communiste en 1927.
  - En 1936, il prend le parti des Républicains espagnols contre le franquisme.
  - Sous l'Occupation, il publie dans la clandestinité, et est depuis célébré comme l'un des grands poètes de la Résistance.

3 Œuvres principales

- ***Capitale de la Douleur*** (1926) : son premier recueil important, proposant des poèmes en prose tout comme des poèmes en vers. Influencé par le Surréalisme, Éluard y chante l'amour de Gala et le langage réinventé. Le rêve et l'imaginaire y prennent une part très importante.
- ***Les yeux fertiles*** (1936) : marque le retour à un langage plus simple et concret, mais toujours marqué par le rêve. L'artiste doit ouvrir les yeux du lecteur et remplir un rôle de guide pour l'humanité.

vers célèbres

- ***« La courbe de tes yeux fait le tour de mon cœur. », Capitale de la douleur***
  → Ce vers est le premier d'un poème d'amour pour Gala, dont les vers connotent la rondeur et forment un cercle.
- ***« La terre est bleue comme une orange. », L'amour la poésie***
  → Cette comparaison surréaliste est volontairement absurde, et proclame que le langage poétique échappe à toute rationalité.

Louis Aragon
(1897-1982)

Lue · Relue · Apprise

mes notes

Poète et romancier • Mouvement littéraire : surréalisme

1 Repères biographiques

- Louis Aragon est le pseudonyme de Louis Andrieux.
- **Origines** : fils naturel d'un haut fonctionnaire, sa mère lui ment en faisant passer ce dernier pour son parrain. Fait des études de médecine.
- **Vie privée** : après une liaison avec Nancy Cunnard, qui s'achève sur une tentative de suicide, il rencontre une jeune auteure russe, Elsa Triolet, qui devient sa muse et la femme de sa vie.

2 Influences et genèse de l'œuvre

- **Influences** : rejoint en 1920 le mouvement Dada, qui prône la folie, et la destruction de toute forme d'ordre.
- **Il fonde le Surréalisme** avec André Breton et Paul Éluard en 1924, puis il se brouille avec Breton et rompt avec le mouvement en 1932.
- **Engagements politiques** : Adhère en 1927 au Parti Communiste. Pendant la Seconde Guerre mondiale, il rejoint **la Résistance et publie dans la clandestinité de nombreux poèmes**. Sa fidélité au communisme durera jusqu'à la révélation des crimes du stalinisme dans les années 50.
- **Poète et romancier**
  - Après des textes d'inspiration surréaliste, les romans d'Aragon décrivent, avec un certain recul historique, la lutte des classes et les conquêtes de la Révolution soviétique.
  - À l'époque de la Résistance, il adopte le vers régulier. Il poursuit son œuvre poétique après la guerre, s'inspirant de la tradition courtoise pour chanter son amour pour Elsa.

3 Œuvres principales

- ***Les Yeux d'Elsa*** (1942) : recueil poétique à la gloire de la femme aimée, à laquelle il prête tous les pouvoirs. Publié dans la clandestinité, c'est un hymne d'amour à sa femme et de résistance pour la France occupée.
- ***Aurélien*** (1944) : roman qui relate une histoire d'amour impossible entre Aurélien et une femme mariée, Bérénice.

phrase célèbre

« L'avenir de l'homme, c'est la femme. Elle est la couleur de son âme. », Le Fou d'Elsa

→ Aragon est célèbre pour ses poèmes en l'honneur d'Elsa, dont un grand nombre ont été mis en musique.

Les mouvements littéraires après 1945

25

Lue Relue Apprise

mes notes

La deuxième moitié du XXe siècle voit éclore différents questionnements face à la littérature, qui fondent autant de petits groupes littéraires.

1 L'engagement littéraire

A La Seconde Guerre mondiale comme point de rupture

info-clé

Les conflits meurtriers du XXe siècle conduisent les artistes à une remise en question profonde du sens de la vie et du rôle de l'Homme.

- Certains artistes ont choisi de se battre physiquement et artistiquement contre l'Occupation allemande en entrant dans la Résistance, comme les poètes Aragon, Eluard, René Char, qui publient dans la clandestinité.
- La littérature devient une **arme de combat**.

B Les théoriciens de la révolte

phrase-clé

« Ecrire c'est une certaine façon de vouloir la liberté ; si vous avez commencé, de gré ou de force vous êtes engagé. » Jean-Paul Sartre, *Qu'est-ce que la littérature ?*

- Le philosophe et écrivain **Jean-Paul Sartre** théorise cette attitude dans sa revue *Les Temps modernes* : l'écrivain est un homme en situation dans une époque, et sa parole peut avoir de grandes conséquences. Il est de sa responsabilité d'agir, ce que fera l'écrivain en luttant notamment contre la guerre d'Algérie et pour la décolonisation.
- L'écrivain **Albert Camus** fonde, quant à lui, la revue *Combat*, pour prolonger les valeurs de la Résistance. **La révolte** est la vraie réponse aux injustices commises par les régimes autoritaires et à l'absurdité du monde. Son œuvre est couronnée du prix Nobel en 1957.

2 Écrire avec ou sans règles

A Le théâtre de l'absurde

- Dans les années 50 naît un nouveau théâtre, porté par **Jean Genet, Eugène Ionesco, Samuel Beckett**. Il s'en prend aux codes réalistes jusque-là appliqués aux personnages ou aux situations. → texte Rhino
- Les interrogations sont **métaphysiques** : y a-t-il un sens à l'existence, souvent absurde ?
- Ce théâtre met en scène le **vide**, l'**absence d'action**, dans un **mélange de tragique et de comique**. Le langage de tous les jours est également démonté et remis en question.

mes notes

B Le Nouveau Roman

- À la même époque, certains romanciers s'interrogent sur les conventions du genre romanesque, et se placent en opposition en refusant le réalisme, la psychologie des personnages, le déroulement chronologique de l'action.
- On assigne un nouveau rôle au lecteur, qui doit reconstruire ce que l'auteur a cherché à déconstruire.
- Les grands auteurs sont **Alain Robbe-Grillet, Michel Butor, Nathalie Sarraute**.

C L'Oulipo

- Plutôt que de rejeter les règles, les membres de l'« Ouvroir de littérature potentielle » (**Raymond Queneau, Georges Pérec**) préfèrent s'en amuser.
- Ils se fixent donc des contraintes formelles importantes, comme enlever une voyelle (***La Disparition***, Georges Pérec) ou réécrire la même histoire de cent façons différentes (***Exercices de style***, Raymond Queneau).
- Ils s'intéressent à tous les champs du savoir, de la psychiatrie aux mathématiques.

Les grandes œuvres

Mouvements	Grandes œuvres	Auteurs
La littérature engagée	*La Peste* *Les Mains sales*	Albert Camus (1947) Jean-Paul Sartre (1948)
Le théâtre de l'absurde	*La Cantatrice chauve* *En attendant Godot* *Les Bonnes*	Eugène Ionesco (1950) Samuel Beckett (1952) Jean Genet (1947)
Le Nouveau Roman	*La Jalousie* *La Modification* *Le planétarium*	Alain Robbe-Grillet (1957) Michel Butor (1957) Nathalie Sarraute (1963)
L'Oulipo	*La Vie mode d'emploi* *Cent mille milliards de poèmes*	Georges Pérec (1978) Raymond Queneau (1961)

Eugène Ionesco
(1912-1994)

26

Lue Relue Apprise

Dramaturge, romancier, essayiste
Mouvement littéraire : théâtre de l'absurde

mes notes

1 Repères biographiques

- **Origines :** naît en Roumanie d'un couple franco-roumain. Ses relations avec son père, autoritaire, nazi puis communiste, sont mauvaises.
- **Vie privée :** Correcteur d'imprimerie, il souffre du manque d'argent. Ses premières pièces font scandale, mais il finit par s'imposer comme un écrivain majeur de son vivant. Entre à l'Académie Française en 1970.

2 Genèse et caractéristiques de l'œuvre

A Influences

- Il se construit en **opposition**, en déclarant notamment la guerre au théâtre de divertissement, beaucoup trop conventionnel.
- Sa première pièce est sous-titrée « Anti-pièce ».

B Engagements politiques

Son théâtre est un instrument de lutte contre les régimes autoritaires du XXe siècle (nazisme, communisme), mais aussi contre les intellectuels engagés qui aveuglent le peuple.

C Les thèmes de l'œuvre

- **L'échec du langage.** Le langage devient automatique et faussement logique, ce qui permet de dénoncer l'incommunicabilité des êtres, et les idées toutes faites qui empêchent l'homme de penser par lui-même. Ce langage insolite produit le plus souvent des effets comiques.
- **Le tragique de la condition humaine.** Les personnages font face à la mort ou à la solitude. Les intrigues s'inspirent souvent de l'univers du rêve.

3 Œuvres principales

- ***La Cantatrice chauve*** (1950) : inspiré des phrases absurdes d'une méthode d'apprentissage pour apprendre l'anglais. Parodie très comique des conventions du théâtre de boulevard.
- ***Rhinocéros*** (1960) : les habitants d'une petite ville se transforment les uns après les autres en rhinocéros. Seul Bérenger y échappe. Cette transformation s'interprète comme la métaphore des idéologies autoritaires (la montée du nazisme par exemple).

phrases célèbres

- *« Je suis le dernier homme, je le resterai jusqu'au bout ! Je ne capitule pas ! », Rhinocéros*
  → Derniers mots de Bérenger.
- *« Le comique n'est comique que s'il est un peu effrayant », Notes et contre-notes*

Samuel Beckett
(1906-1989)

Lue Relue Apprise

Dramaturge et romancier
Mouvement littéraire : théâtre de l'absurde

mes notes

1 Repères biographiques

- **Origines** : Irlandais, d'une famille aisée et puritaine. À partir de 1928, il mène une vie universitaire entre l'Irlande et la France, où il se fixe avant 1939. Son œuvre est bilingue, mais ses œuvres les plus connues sont d'abord écrites en français.
- **Vie privée** : Après bien des échecs, il est enfin reconnu en 1953 lorsque la représentation d'***En attendant Godot*** crée un succès et un scandale.

2 Influences et genèse de l'œuvre

A Influences

- Ami de l'écrivain James Joyce ; il fréquente les surréalistes français.
- **Engagements politiques :** participe activement à la Résistance. Son œuvre est marquée par les récits de déportation de ses camarades et par la guerre.

B L'obsession du néant

- L'homme ne peut échapper à la tragédie à laquelle il est condamné depuis sa naissance. Les êtres occupent par la parole **un temps qui n'en finit pas**, en attendant quelque chose qui n'arrive jamais.
- Ce théâtre pessimiste provoque le rire tout autant que le dégoût ou l'angoisse.

C La scénographie

Les personnages, souvent des clochards, se réduisent à la parole et se comportent comme des clowns ou des pantins. Les décors, minimalistes, sont souvent saugrenus (monticule de terre, poubelles).

3 Œuvres principales

- ***En attendant Godot*** (1952) : Vladimir et Estragon, deux clochards, discutent pour tuer le temps. Ils attendent Godot, personnage énigmatique, qui n'arrive pas.
- ***Oh les beaux jours*** (1960) : Winnie, femme d'un certain âge, babille seule et se livre à des occupations futiles tandis qu'elle s'enfonce de plus en plus dans la terre.

phrases célèbres

- ***« Les mots vous lâchent, il est des moments où même eux vous lâchent », Oh les beaux jours.***
- ***« Rien n'est plus drôle que le malheur… C'est la chose la plus comique au monde », Fin de partie.***

27

Albert Camus
(1913-1960)

Lue Relue Apprise

Romancier, dramaturge et essayiste
Mouvement littéraire : littérature engagée

mes notes

1 Repères biographiques

- **Origines** : naît en Algérie. Sa mère l'élève dans la pauvreté.
- **Vie privée** : Tuberculeux, il doit arrêter ses études de philosophie et devient journaliste et directeur de revues. Ses premières œuvres importantes, *Le Mythe de Sisyphe* et *L'Étranger*, paraissent pendant la guerre.

2 Genèse et caractéristiques de l'œuvre

A Influences. Passionné de philosophie antique et de théâtre, il devient l'ami de Jean-Paul Sartre, avec lequel il se brouille, et du poète René Char.

B Engagements politiques

- Membre actif de la Résistance, il dénonce le bombardement d'Hiroshima. Il lutte aussi contre l'expansionnisme soviétique.
- Sa position pacifiste lors de la guerre en Algérie est mal comprise par les deux camps.

C Les grands thèmes chez Camus

- **Le thème de l'absurde** : l'homme peine à trouver un sens au monde dans lequel il vit et n'a qu'un horizon certain, la mort. De cette conscience naît un écœurement que ni le suicide, ni la foi ne peuvent résoudre.
- **Le thème de la révolte** : mais l'être humain est libre, et peut vivre l'absurde en se révoltant contre les injustices. Le salut réside dans des actes de fraternité qui donnent un sens à la vie.

D Son style. On qualifie d'**« écriture blanche »** le style de Camus, très sobre, sans effets superflus. Le fond doit l'emporter sur la forme.

3 Œuvres principales

- ***L'Étranger*** (1942) : le narrateur, Meursault, est indifférent à tout parce qu'il ressent l'absurde de sa condition. Assassin malgré lui, il accède finalement à l'apaisement.
- ***La Peste*** (1947) : une épidémie de peste ravage la ville d'Oran. Ce roman présente une galerie d'hommes héroïques, mais la maladie est aussi l'allégorie du mal (l'occupation allemande par exemple).

phrase célèbre

« Aujourd'hui, maman est morte. Ou peut-être hier, je ne sais pas. », L'Étranger

→ *Incipit* célèbre. Dès le début, le narrateur montre sa singularité, et son indifférence à tout.

Marguerite Duras
(1914-1996)

Lue Relue Apprise

mes notes

Romancière, dramaturge et réalisatrice
Mouvement littéraire : Nouveau Roman

1 Repères biographiques

- Marguerite Duras est le pseudonyme de Marguerite Donnadieu.
- **Origines** : naît et grandit en Indochine, dans une certaine pauvreté. À dix-huit ans, elle part finir ses études en métropole.
- **Vie privée** : De nombreux mariages et liaisons (avec les écrivains Robert Antelme et Yann Andréa notamment). Sa vie est marquée par les extrêmes négatifs (alcoolisme) et positifs (le succès mondial de ***L'Amant*** en 1984).

2 Genèse et caractéristiques de l'œuvre

A Influences

Proche à l'origine du Nouveau Roman, elle s'en détache progressivement, et revient à une narration plus traditionnelle avec ***L'Amant***.

B Engagements politiques

- S'engage dans la Résistance.
- Après la Libération, elle adhère un temps au Parti Communiste, puis prend position contre la guerre d'Algérie et pour mai 68.

C Le vide et l'absence

- L'histoire compte moins que les **silences et l'implicite** : **langue sobre**, nombreuses **ellipses** et **chronologie discontinue**. Les personnages se heurtent au tragique de leur condition humaine.
- Son œuvre, prenant souvent pour cadre l'Asie et narrant des amours malheureuses, est fortement **autobiographique**.

3 Œuvres principales

- ***Un Barrage contre le Pacifique*** (1950) : en Indochine française, une veuve et ses deux enfants luttent contre les difficultés matérielles.
- ***Moderato Cantabile*** (1958) : histoire d'amour entre une jeune mère et un homme mystérieux rencontré sur le lieu d'un crime, entre scènes banales du quotidien et désir ravageur.
- ***Le Ravissement de Lol V. Stein*** (1964) : roman-enquête sur l'énigmatique Lol V. Stein. La jeune femme semble avoir perdu la raison, mais n'a-t-elle pas toujours été « différente » ?

phrase célèbre

« Tu me tues, tu me fais du bien », Hiroshima mon amour

→ Ce que dit une Française à son amant japonais, après le drame d'Hiroshima.

28 Histoire du genre romanesque

Lue Relue Apprise

mes notes

Roman : œuvre de fiction en prose qui raconte les aventures d'un ou de plusieurs personnages.

1 La naissance d'un genre (du Moyen Âge à la Renaissance)

- **XIe siècle**. Le roman est une **fiction**, écrite en **vers** et en **langue romane**. Deux sources d'inspiration : l'Antiquité et les **légendes celtiques** qui mettent en scène le roi Arthur et les chevaliers de la Table ronde.
- **XIIe siècle**. **Chrétien de Troyes** écrit cinq romans en octosyllabes. Les aventures de **Lancelot** constituent à la fois un roman **d'initiation,** un roman **d'aventure**, un roman **d'amour**.
- **XIIIe siècle**. L'œuvre de Chrétien de Troyes est poursuivie par des auteurs anonymes, qui écrivent en **prose**. Le roman moderne est né. C'est le triomphe du **roman de chevalerie** qui mêle amour et aventures.
- **XVIe siècle. Rabelais** propose une conception différente du roman, qui mêle **réalisme** et **merveilleux** et invite le lecteur, au-delà de l'aspect comique, à **réfléchir** sur la société et sur l'homme.

histoire littéraire

- Le mot « roman » vient du latin *lingua romana*, langue romane, qui désigne la langue vulgaire parlée par les soldats et les commerçants.
- Un roman est donc d'abord une œuvre écrite en langue vulgaire.

2 Le XVIIe siècle

A Première moitié : le romanesque baroque

- Deux types de romans : « **héroïques** » inspirés des romans de chevalerie ; « **comiques** » qui peignent la vie quotidienne.
- Intrigues **foisonnantes**, héros **protéiformes**.
- Les fonctions : faire **rêver**, faire **rire**.

romans à connaître

- ***L'Astrée*** d'Honoré d'Urfé (1607-1627)
- ***L'Histoire comique de Francion*** de Charles Sorel (1623)

B Seconde moitié : le moralisme classique

- Grande importance du roman **historique**.
- Début du roman d'**analyse** centré sur le caractère des personnages.
- Les fonctions : **peindre l'Histoire**, **éduquer** (fonction morale).

roman à connaître

La Princesse de Clèves de Madame de La Fayette (1678)

mes notes

3 Le XVIIIe siècle : le temps des audaces

- Deux formes dominent : le **roman par lettres** et les **pseudo-mémoires** (œuvres de fiction qui se présentent comme les mémoires d'une personne réelle).
- **Originalité** thématique (peinture des mœurs de l'aristocratie décadente) et formelle (expériences de Diderot, par exemple).
- Les fonctions : **critiquer**, **analyser** les mœurs.

romans à connaître
- ***Les Liaisons dangereuses***, Laclos (1782)
- ***Jacques le Fataliste***, Diderot (1773)

4 Le XIXe siècle

A Première moitié : les romans du moi

- Romans à dimension **autobiographique** dans lesquels les auteurs confient leur **mal du siècle**.
- Les fonctions : faire son **introspection**, **soulager** ses peines.

roman à connaître
René, Chateaubriand (1802)

B Seconde moitié : le roman et le réel

- Les romans cherchent à **appréhender le réel sous toutes ses formes** : toutes les catégories sociales ont désormais leur place en littérature, le corps n'est plus ignoré.
- Les fonctions : mieux **comprendre** le réel (dimension scientifique), **critiquer** les **injustices** sociales.

romans à connaître
Les romans de Balzac, Zola, Flaubert et Maupassant (v. fiches 19, 20)

5 Le XXe siècle : le temps des incertitudes

- Dans l'après-guerre, les formes romanesques se multiplient.
- Le **Nouveau Roman** inaugure le refus du personnage, de l'intrigue (voir fiche 25)
- Les fonctions : exprimer des **doutes** sur l'humain et sur son **langage**.

romans à connaître
- ***À la Recherche du temps perdu***, Proust (1913-1927)
- ***La Route des Flandres***, Claude Simon (1960)

Le personnage de roman : de la construction à l'éclatement

29

☐ Lue ☐ Relue ☐ Apprise

mes notes

Le personnage de roman prend corps grâce :
– aux indications directement fournies par le narrateur (identité, portrait physique ou moral)
– au récit qui le met en scène et permet au lecteur de se familiariser avec lui au travers de ses actions.

1 Le personnage dans les romans du XVIIe et du XVIIIe siècle

A Le roman précieux

- Dans le **roman précieux** (ex. : *L'Astrée*, 1607-1627) ou le **roman d'analyse** (ex. : *La Princesse de Clèves*, 1678), le personnage est essentiellement défini par ses sentiments et non par ses actions, qui passent au second plan. → texte
- Ce sont soit des personnages **idéalisés**, soit des **aristocrates** n'ayant aucune contrainte matérielle.
- Au **XVIIe siècle**, les personnages peuvent être porteurs d'un message **moral** (à travers eux, le lecteur découvre par exemple le danger des passions).
- Au **XVIIIe siècle**, ils reflètent le **libertinage** des mœurs (ex. : *Les Liaisons dangereuses*, 1782).

B Le roman comique ou picaresque

- Dans le **roman comique** (ex. : *L'Histoire comique de Francion*, 1623) ou le **roman picaresque** (ex. : *Gil Blas de Santillane*, 1715), le protagoniste est au contraire un personnage actif.
- Il appartient aux couches les plus basses de la société et cherche à **s'élever** en luttant contre de nombreux obstacles.
- Le personnage permet à l'auteur de **critiquer** la société (le héros croise des personnages ridicules, se heurte à des préjugés)

2 Le personnage dans le roman du XIXe siècle

A Le héros romantique

- Le personnage romantique est **mélancolique** : victime du « mal du siècle », il se réfugie dans la **nature**, loin d'une société qui ne le comprend pas.
- Le héros romantique s'exprime à la **première personne**, pour mieux faire comprendre au lecteur les secrets de son cœur. Le roman est parfois très proche de **l'autobiographie** (ex. : *René*, 1802).

mes notes

B Le personnage réaliste

- Il s'insère dans la **société contemporaine.** Souvent, il incarne une **classe sociale** (ex. : le monde ouvrier avec Gervaise, dans ***L'Assommoir***).
- Il permet à l'auteur d'exprimer un **point de vue** souvent **critique** sur le monde qui l'entoure (ex. : Gervaise permet à Zola de dénoncer les injustices sociales).
- **Un personnage-type** : **le jeune ambitieux à la conquête du monde.** Naïf au départ, il se trouve confronté à de nombreuses épreuves et finit par faire preuve de lucidité voire de cynisme (ex. : Eugène de Rastignac dans ***Le Père Goriot***, 1835).

3 Le personnage dans le roman du XXe siècle

A Des personnages plongés dans l'histoire

- Les personnages sont confrontés aux **grandes crises du XXe siècle** : Première Guerre mondiale (ex. : ***Voyage au bout de la nuit***, 1932), guerre civile espagnole (***L'Espoir***, 1937) ...
- Ils sont amenés à réfléchir à leur **humanité**, dans un monde qui semble déshumanisé. Deux postures sont alors possibles : ils incarnent la solidarité, la fraternité, ou au contraire perdent confiance en l'homme (anti-héros).

B L'anti-héros

Émergence d'un personnage qui n'a plus les qualités du héros d'antan : absence de qualité morale, refus de l'action (ex. : Roquentin dans ***La Nausée***, 1938).

C La mort du personnage ?

Dans les années **1950**, le roman entre dans ***l'ère du Soupçon*** (Nathalie Sarraute).

- Après la Seconde Guerre mondiale et la découverte des camps, interrogations sur ce qui fonde l'humanité.
- Interrogations sur ce qu'est un personnage de roman : **suppression de l'identité, du caractère, parfois des actions**. La remise en cause du personnage entraîne une remise en cause de l'intrigue (ex. : ***La Jalousie***, 1957).

remarque

- Cette évolution générale du roman d'après-guerre ne signifie pas qu'il n'y a plus depuis 1950 de romans avec des personnages traditionnels.
- À partir de 1980, le personnage tend d'ailleurs à renaître.

Histoire du genre poétique

30

Lue Relue Apprise

mes notes

La poésie est avant tout une invention verbale, l'œuvre d'un poète-artisan inspiré.

info-clé

Le mot *poésie* vient du grec *poiein*, qui signifie « créer, inventer ».

1 La naissance d'un genre (de l'Antiquité à la Renaissance)

A La poésie dans l'Antiquité

- La poésie est le **genre littéraire le plus ancien**, elle remonte aux poèmes consacrés à la guerre de Troie et à ses suites, ***L'Iliade*** et ***L'Odyssée*** d'Homère (VIIe siècle avant J-C).
- Cette poésie avant tout orale célèbre les exploits des héros. Mais une poésie plus lyrique apparaît ensuite, avec **Sapho** chez les Grecs (VIe siècle avant J-C) ou **Ovide** chez les Romains (Ier siècle avant J-C).

B La poésie médiévale

- Au Moyen Âge, la tradition orale se perpétue avec les **troubadours**, qui font l'éloge de la femme aimée (poésie courtoise) ou narrent les exploits de preux chevaliers. ***La Chanson de Roland*** (XIIe siècle) est le plus ancien poème français écrit.

lexique

Troubadour (ou trouvère) : compositeur, poète et musicien du Moyen Âge, qui va dans les châteaux pour chanter ses compositions.

- La poésie emprunte des formes fixes : ballade, chanson, rondeau. L'un des poètes les plus originaux et les plus connus est **François Villon** au XVe siècle (***La Ballade des pendus***).

2 Le renouvellement de l'écriture poétique (XVIe-XVIIe siècles)

A Un nouvel essor à la Renaissance

- **Les poètes de la Pléiade** (v. fiche 3) décident de donner ses lettres de noblesse à la poésie française, et enrichissent la langue tout en s'inspirant des modèles antiques.
- Ronsard et du Bellay utilisent le **sonnet**, forme héritée de la poésie italienne. Leur poésie aborde des thèmes variés : **l'amour, la fuite du temps, la grandeur de la France**. Mais elle est aussi témoin des guerres de religion qui déchirent le pays.

B Une poésie duale

- Au XVIIe siècle, le mouvement baroque propose une **poésie marquée par l'inconstance** et **l'instabilité du monde**, à travers les thèmes de l'illu-

mes notes

sion ou de la mort. Les images utilisées sont frappantes et renvoient à un univers contrasté.

- À l'inverse, les poètes classiques à l'instar de Boileau ou La Fontaine vont prôner la **mesure et la raison**. La poésie doit bannir les extravagances et les irrégularités. Cette poésie est également présente dans le genre théâtral : les tragédies de Corneille ou Racine sont versifiées. On parle de « poèmes dramatiques ».

3 Le renouvellement du genre (XIXe-XXe siècles)

A La révolution romantique

- Au début du XIXe siècle, les poètes romantiques tels Hugo ou Lamartine trouvent dans le genre poétique **le moyen privilégié d'exprimer leurs sentiments personnels**.
- Ils s'affranchissent des règles classiques : Hugo disloque volontiers l'alexandrin.

B La quête de la modernité poétique.

- Par la suite, plusieurs mouvements proposent différentes esthétiques.
- Les poètes du Parnasse se veulent « orfèvres des mots ». Détachée des réalités matérielles, **la poésie doit traduire le Beau**.
- Les symbolistes tels Verlaine s'intéressent à la **musicalité du poème**. Deux innovations formelles apparaissent : le **vers libre** et le **poème en prose**, auquel s'attache Baudelaire.

Lexique

Vers libre : vers qui n'obéit à aucune contrainte de rime ou de rythme.

Poème en prose : texte en prose qui recherche les effets sonores et rythmiques propres à la poésie versifiée.

C L'explosion des formes et des thèmes

- Au XXe siècle, les poètes sont de plus en plus libres. Apollinaire joue avec la **dimension visuelle des mots** dans ses ***Calligrammes***. Les poètes surréalistes cherchent une nouvelle réalité en mobilisant **l'inconscient et les rêves**.
- Avec la Seconde Guerre Mondiale, **la poésie engagée** prend son essor. Mais elle peut aussi s'interroger sur le rôle du langage ou la vie la plus quotidienne.
- Aujourd'hui, elle emprunte des formes et des **tonalités extrêmement diverses** selon les poètes.

L'astuce du prof

Evitez les généralités trop rapides : certains poètes continuent d'utiliser des formes versifiées comme le sonnet au XXe siècle !

Fonctions de la poésie et du poète

31

Lue Relue Apprise

mes notes

Le poète doit-il se replier sur lui-même, ou participer au débat public ? Ce sujet se retrouve dans bon nombre de sujets d'invention et de dissertation.

1 La poésie comme lieu des émotions

A La poésie lyrique

- Traditionnellement, la poésie sert à **exprimer ses émotions personnelles.** L'un des thèmes majeurs est l'amour.
- Le mouvement romantique est l'un des plus représentatifs de ce registre.

Ex. : « ***Le Lac*** » (Lamartine). Le poète se souvient des beaux moments partagés avec la femme aimée et disparue. Il y déplore la fuite du temps.

B La poésie de célébration

- Elle sert à **célébrer** les exploits de héros (poésie épique), **commémorer** de grands événements, mais aussi **immortaliser** la beauté d'une femme (blason, v. fiche 34).
- L'**ode** est un type de poème fréquemment employé.

Ex. : « ***Ode au roi Henri le Grand*** » (Malherbe). Malherbe célèbre les exploits du roi Henri IV, de manière à l'immortaliser.

lexique

Ode : poème en strophes d'origine grecque, célébrant un personnage ou un événement.

C L'enchantement du monde

- Par le jeu du langage, **la poésie réinvente la réalité** et l'enchante.
- Elle peut célébrer la beauté de la nature, mais aussi des objets plus surprenants.

Ex. : « ***Le pain*** » (Francis Ponge). Ici, l'aliment le plus banal est comparé à une chaîne de montagnes, mais aussi à des fleurs.

2 Les missions citoyennes de la poésie

A Poésie et religion

- Les périodes historiques troublées, celles notamment des guerres de religion, ont con
- Au XVIe siècle, le poète protestant répond aux catholiques et à ceux qui renient leur foi protestante. duit les poètes à s'engager pour leur foi, et à participer au débat public. Ex. : ***Les Tragiques*** (Agrippa d'Aubigné)

mes notes

B Poésie et morale

Certains auteurs font de la fable un genre versifié qui permet de délivrer une véritable leçon sous une forme plus attrayante. Les vers permettent une meilleure mémorisation de cet enseignement.

Ex. : *« Les animaux malades de la peste »* (La Fontaine). Le fabuliste dénonce la partialité de la justice, toujours bienveillante envers les puissants et impitoyable pour les faibles.

C Poésie et politique

La poésie peut devenir une arme au service de grandes causes.

Ex. : *Les Châtiments* (Victor Hugo). Le poète en exil utilise les registres polémique et satirique pour dénoncer le régime de Napoléon III, afin d'entraîner le peuple à la révolte.

3 Les rôles du poète

A Le prophète

Le poète porte la parole de la divinité : la langue poétique est celle qui déchiffre les mystères du monde pour le reste des hommes.

Ex. : *« Hymne de l'automne »* (Ronsard). Le poète se compare à des devins, augures et prophètes, qui ont parfois été moqués alors qu'ils disaient la vérité.

B L'artisan

Le poète est parfois un orfèvre, un polisseur de mots. Les poètes du Parnasse proposent un travail très technique sur le langage.

Ex. : *Émaux et camées* (Théophile Gautier). La poésie prend pour sujet de beaux objets. La contrainte formelle majeure est l'octosyllabe.

C Le porte-parole

Le poète peut prendre la parole pour le peuple afin de faire siennes ses souffrances, et les exprimer.

Ex. : *« La Nuit de mai »* (Musset). Le poète se compare à un pélican capable d'ouvrir ses entrailles pour nourrir ses petits affamés. Ses souffrances sont réelles, et servent à la collectivité.

D L'alchimiste

Le poète est capable de transformer de la boue en or, selon les mots de Baudelaire. Par le jeu du langage poétique, même le laid peut devenir beau.

Ex. : *« Une charogne »* (Baudelaire). Il compare un cadavre en décomposition à une mer qui se soulève.

Histoire du genre théâtral

32

Lue Relue Apprise

mes notes

1 De l'Antiquité à la Renaissance

L'astuce du prof

Pour définir le genre d'une pièce, examinez son dénouement, le registre utilisé, mais aussi les thèmes évoqués, le langage des personnages…

● **Le théâtre naît dans l'Antiquité grecque**, lors de **fêtes en l'honneur du dieu Dionysos.** Les acteurs portent des masques, les représentations ont lieu en plein air, et alternent répliques prononcées par les personnages, chants et danses assurés par un chœur.

● On distingue les **comédies** des **tragédies**. Les grands auteurs sont Eschyle, Sophocle, Euripide pour les tragédies, Aristophane pour les comédies.

Définitions d'Aristote, philosophe de la Grèce antique

Théâtre	Tragédie	Comédie
Représentation de l'imitation d'une action faite par des personnages en action et non par le moyen de la narration.	Représentation de personnages de rang élevé, ayant de nobles préoccupations et s'exprimant dans un langage soutenu. Le spectacle des catastrophes doit provoquer terreur et pitié.	Représentation de personnages de rang moyen, ayant des préoccupations triviales et s'exprimant dans un langage courant ou familier.

● **Au Moyen Âge**, il y a deux genres dominants :
- **la farce** (langage familier, comique gestuel, improvisation) ;
- **le mystère** (sujet religieux).

● **À la Renaissance**, la comédie reste le genre dominant, mais l'on voit également apparaître des tragédies qui s'inspirent d'histoires bibliques ou mythologiques.

2 Le triomphe du théâtre (XVIIe et XVIIIe siècles)

A Au XVIIe siècle

● **L'avènement du classicisme** consacre le genre théâtral et le codifie. Comédies et tragédies doivent respecter la **règle des trois unités**, mais également **les vraisemblances et les bienséances** : l'action doit paraître vraie, et ne pas choquer (on ne représente pas les meurtres sur scène).

● **Molière, le grand auteur de comédies**, s'inspire de la *commédia dell'arte* italienne, mais crée également la **comédie-ballet**. Son but n'est

mes notes

plus simplement de faire rire, mais aussi de dénoncer les vices des hommes et les travers de la société.

> **info-clé**
> La règle des 3 unités (de temps, de lieu, d'action) : une intrigue **unique** doit se dérouler en **24 heures** et en un **seul lieu.**

- **Corneille et Racine** sont les plus illustres auteurs de tragédies : leurs héros sont confrontés à un dilemme entre la passion et la raison, et soumis à la fatalité.
  - Corneille propose un héros idéal, soumis à un choix impossible entre son devoir et son amour, que l'on nomme « dilemme ».
  - Chez Racine, le personnage est victime de sa passion, inspirée par la fatalité, laquelle entraîne sa chute.

B Au XVIIIe siècle

- Les règles régissant le théâtre restent les mêmes. Deux auteurs s'illustrent :
  - **Marivaux**, qui met à l'épreuve les sentiments par le langage.
  - **Beaumarchais**, qui renouvelle à travers son personnage Figaro la figure du valet. À la veille de la Révolution, ce dernier est le porte-parole d'une bourgeoisie qui gronde contre les privilèges des nobles.

3 Le renouvellement du genre (XIXe et XXe siècles)

A Au XIXe siècle

Création du drame romantique : mélange du comique et du tragique, époques et lieux pittoresques, refus de la règle des trois unités, importance du pathétique.

Exemples de drames célèbres : ***Ruy Blas*** (Hugo), ***Lorenzaccio*** (Musset).

B Au XXe siècle

- **Avec la montée des totalitarismes et la Seconde Guerre Mondiale,** les auteurs proposent **une relecture des grands mythes tragiques** à la lumière de l'histoire du XXe siècle.

Ex. : Anouilh (***Antigone***), Cocteau (***La Machine infernale***).

- Mais d'autres auteurs préfèrent souligner **l'absurdité de la vie et l'angoisse du vide** en mélangeant tragique et comique, et en effaçant les repères spatio-temporels

Ex. : Ionesco (***La Cantatrice chauve***), Beckett (***En attendant Godot***).

33 Le théâtre et sa représentation

Lue Relue Apprise

mes notes

Le genre théâtral a une spécificité : il est à la fois texte littéraire et spectacle vivant. C'est sur cette dimension visuelle qu'insiste le programme de Première.

1 Le résultat de regards croisés

quelques metteurs en scène célèbres

- D'hier :
Louis Jouvet (1887-1951)
Jean Vilar (1912-1971)
- D'aujourd'hui :
Ariane Mnouchkine (1939-)
Patrice Chéreau (1944-2013)

Le sens d'une représentation est construit par plusieurs intervenants différents :

- **L'auteur :** par des didascalies, il donne des indications de mise en scène. Quasi inexistantes au XVIIe siècle, elles prennent de plus en plus d'importance au fil du temps.
- **Le metteur en scène :** il dirige l'adaptation du texte littéraire à la scène. Il fait tous les choix matériels (décor, costumes) et propose son interprétation de l'œuvre. D'abord assumée par l'auteur et les acteurs, la fonction de metteur en scène à part entière s'est imposée à la fin du XIXe siècle avec notamment André Antoine.
- **Le scénographe :** il assiste le metteur en scène pour concevoir l'espace scénique. Il définit le rapport scène/salle.
- **Le dramaturge :** il s'occupe de l'adaptation d'un texte classique en vue de la représentation.
- **L'acteur** : il donne vie au personnage. Il suit les indications du metteur en scène, mais ce dernier peut lui laisser une grande part de liberté.
- **Le public** : assiste à la représentation et participe par ses émotions à l'œuvre créée.

2 L'évolution du lien entre représentation et réalité

A D'abord une imitation du réel

- Selon Aristote, le théâtre comme tous les arts doit être *mimésis*, c'est-à-dire imitation du réel. Cette théorie explique qu'au XVIIe siècle, les pièces suivent la **règle de vraisemblance** : on ne peut pas représenter d'action qui paraisse extraordinaire.
- Le théâtre « à l'italienne » s'impose : l'espace technique devient invisible, les spectateurs sont nettement séparés de l'espace scénique, par un « quatrième mur » invisible : l'action se déroule indépendamment d'eux.

B Une réalité très artificielle

- Mais cette représentation du réel est une représentation idéalisée, en fonction de critères esthétiques (le Beau et le Bon).

mes notes

- En même temps que l'on cherche à « faire vrai », on utilise des artifices qui mettent la réalité à distance (masques, jeu outré, déplacements codifiés) puisqu'il n'est pas possible matériellement de la représenter tout à fait.

phrase-clé

« Il serait absurde de croire qu'on pourra transposer la nature telle quelle sur les planches, planter de vrais arbres, avoir de vraies maisons éclairées par de vrais soleils. »
Émile Zola, ***Le Naturalisme au théâtre*** (1881)

C Vers un théâtre symbolique

- Le tournant est amorcé à la fin du XIXe siècle, par les auteurs symbolistes tels Paul Claudel (1868-1955) ou Maurice Maeterlinck (1862-1949) : pour eux, le théâtre ne doit plus imiter servilement le réel, mais le symboliser.
- Cette nouvelle liberté permet donc toutes les audaces de la part des auteurs, et consacre le rôle du metteur en scène.

3 À quoi prêter attention lors d'une représentation ?

- Lorsque vous assistez à une représentation théâtrale, il faut pouvoir en rendre compte en analysant chacun des points suivants :
  - **Le lieu** → S'agit-il d'un théâtre où les acteurs sont loin des spectateurs ? Jouent-ils aussi bien dans la salle que sur scène ?
  - **Le décor** → Réaliste ou symbolique ?
  - **Le jeu des comédiens** → Sont-ils physiquement proches du rôle, ou choisis à contre-emploi ? Quelles émotions font-ils passer ? Quels sont leurs gestes, leurs relations ?
  - **Les costumes et maquillages** → Sont-ils sobres ? Extravagants ? Datés historiquement ?
  - **Les objets** → Y a-t-il des accessoires ? Jouent-ils un rôle ? (dans ce cas on parle d'objet scéniques et non plus d'accessoires).
  - **Les éclairages, la musique** → Quelle ambiance contribuent-ils à créer ?
- Cette grille de lecture peut être utilisée pour confronter deux mises en scène différentes de la même œuvre, et ainsi mettre en évidence le rôle et la singularité du metteur en scène.

L'astuce du prof

Lorsque vous lisez un texte théâtral, demandez-vous quels seraient vos choix de mise en scène et pourquoi. Cela guidera votre commentaire.

34 Les genres argumentatifs

☐ Lue ☐ Relue ☐ Apprise

mes notes

■ On distingue deux types d'argumentation : directe et indirecte.

1 Les genres de l'argumentation directe

Le texte est explicitement argumentatif, mais certaines idées sont voilées.

A L'essai : genre qui tire son nom de l'œuvre de **Montaigne** (v. fiche 2) et mêle argumentation et autobiographie. L'auteur, sans plan défini, expose et justifie ses idées sur divers sujets : présence du pronom « je », nombreux registres.

B Le dialogue argumentatif : présent dans de nombreux genres, il devient au XVIIIe siècle un genre à part entière grâce à **Diderot** (v. fiche 13). La difficulté de cette **polyphonie** est de repérer le porte-parole de l'auteur : il en choisit un ou plusieurs dans une même œuvre. Parfois c'est dans le débat que se lit sa position.

C Les genres de l'éloge et du blâme : plusieurs genres argumentatifs ont pour objectif de louer ou de dénoncer quelqu'un (portrait), un objet, une idée.

exemples

- **Essais** :
  - Montaigne, ***Essais***
  - Montesquieu, ***De L'Esprit des lois***
- **Dialogues argumentatifs** : Diderot, ***« dialogue entre A et B », Le Supplément au voyage de Bougainville***
- **Éloges** :
  - ***Hymne à Apollon*** (Grèce antique)
  - Marot, ***Blason du beau tétin***
  - Bossuet, ***Oraisons funèbres***
- **Blâmes** :
  - Voltaire, pamphlet sur l'abandon par Rousseau de ses enfants
  - Boileau, ***Satires***
  - Zola, « J'accuse », ***L'Aurore***

- **Procédés utilisés identiques mais effets opposés** : vocabulaire mélioratif/péjoratif, hyperbole, gradation, comparaison valorisante/dévalorisante grâce à la métaphore ou l'opposition (oxymore, antithèse, parallélisme, chiasme). L'ironie est plus adaptée au blâme.
- **Éloge** : **hymne** (poème célébrant un homme, un dieu, un événement), **blason** (poème célébrant une partie du corps féminin), **panégyrique** (discours de cérémonie à la gloire de quelqu'un), **oraison funèbre** (discours louant un mort), **apologie** (discours célébrant et défendant une personne, une idée), **plaidoyer** (discours judiciaire de défense).
- **Blâme** : **pamphlet** (écrit satirique violent contre une personne, une institution), **contre-blason** (poème dénonçant les défauts d'une partie du

lexique

Ironie : dire l'inverse de ce que l'on pense tout en se faisant comprendre.

mes notes

corps féminin), **satire** (dénonciation qui se moque de quelqu'un ou quelque chose, **caricature**), **réquisitoire** (discours judiciaire d'accusation).

2 Les genres de l'argumentation indirecte

Ils cachent l'argumentation qui use de détours et est implicite ; ironie très utilisée.

lexique

Docere : enseigner, convaincre.

Placere : flatter et être plaisant. Il existe un troisième effet qui est *movere* : *émouvoir, persuader*.

A L'apologue : récit à visée argumentative alliant ***docere*** et ***placere***. Plusieurs sous-genres.

- **La fable** : court récit souvent en vers illustrant une morale explicite ou implicite. Les personnages sont souvent des animaux, parfois des végétaux, tous personnifiés. Les défauts de l'homme, de la société sont dénoncés (**La Fontaine**, v. fiche 8).
- **Le conte philosophique** : récit en forme de conte traditionnel (schéma narratif simple, personnages types, merveilleux possible), mais grâce à son héros découvrant le monde, on a une critique de la société ou d'un de ses aspects (**Voltaire**, v. fiche 12).

exemples

- **Apologues :**
  - La Fontaine, ***Fables***
  - Voltaire, ***Candide***
- **Articles de dictionnaire :**
  - Jaucourt, « ***Traite des nègres*** »
  - Voltaire, « ***Fanatisme*** »

B L'article de dictionnaire philosophique : un article de dictionnaire est censé être objectif et neutre, les **philosophes des Lumières** détournent ce genre en le transformant en tribune pour leurs idées : l'article devient un essai (v. fiche 11).

3 Avantages et défauts des deux types d'argumentation

	Effets positifs	Effets négatifs
Argumentation directe	• Texte explicite • Arguments visibles • Discours vivant *Placere*	• Essai : pas de plan précis, confusion • Polyphonie : thèse de l'auteur diluée • Censure possible
Argumentation indirecte	• Apologue : *docere* + *placere* • Peu de censure	• Thèse et arguments peu clairs ; morale implicite • Ironie pas toujours évidente à déceler

35 L'homme dans les genres argumentatifs

Lue Relue Apprise

mes notes

Les écrivains n'ont cessé de s'interroger sur ce qu'est un homme, sa place dans l'univers, son caractère bon ou mauvais.

1 La question de l'homme à la Renaissance

La lecture des textes antiques et les grandes découvertes donnent naissance à une nouvelle vision de l'homme, au centre des préoccupations humanistes :

- **confiance en l'homme,** mais sans aveuglement (guerres de religion) ; l'homme est perfectible par la morale et l'éducation ;
- **refus de la religion catholique traditionnelle, proximité avec les textes bibliques :** meilleur lien homme/Dieu ;
- **réflexion sur le pouvoir** : paix et liberté essentielles, respect du vaincu ;
- **réflexion sur la civilisation et la barbarie** : injustices du « civilisé » dénoncées.

phrase célèbre

« s'exerçant élégamment le corps, comme ils s'étaient exercés l'esprit », Rabelais *Gargantua.*

2 La question de l'homme au XVIIe siècle

Les moralistes tentent de cerner la nature humaine :

- **avancées scientifiques** (Copernic, Galilée) : remise en cause de la place centrale de la Terre et donc de l'homme ; qu'est-ce que l'homme ? comparaison avec l'animal ;
- **querelle de la Grâce** : l'homme peut-il se sauver lui-même du mal ou seule la grâce divine le peut-elle ?
- **procès des mœurs** : les courtisans, ambitieux... sont dénoncés, l'homme est classé par types (La Bruyère) ;
- **idéal de l'honnête homme** : art de la conversation, bel esprit, amitié, savoir-vivre, pas d'amour-propre.

phrase célèbre

« Le plus sot animal, à mon avis, c'est l'Homme », Boileau, *Satires.*

3 La question de l'homme au siècle des Lumières

Tout ce qui nuit à l'épanouissement de l'homme est combattu :

- **ignorance, préjugés, superstition** : savoir et raison sont les fondements de la liberté ;
- **injustices** : esclavage, inégalités sociales, censure, torture ;

mes notes

- **fanatisme** : tolérance prônée ;
- **certains faits sociaux** sont remis en question à la lumière des découvertes d'autres sociétés : goût de l'argent, du pouvoir, rigidité des mœurs.

phrase célèbre
« Tu n'es ni un dieu, ni un démon : qui es-tu donc pour faire des esclaves ? », Diderot, ***Supplément au voyage de Bougainville.***

4 La question de l'homme au XIXe siècle

De nouvelles réalités quotidiennes et tribunes (Assemblée nationale, journaux) apparaissent :

- intérêt pour les **sentiments humains** : romantisme ;
- tentative de définition de la **société idéale** : utopie, communisme ;
- **positivisme** : les **progrès scientifiques** amènent à penser les **progrès** humains ;
- naissance de la **critique littéraire et artistique** : nouveaux types d'essais ;
- naissance du mot **« intellectuel »** qui rend compte des prises de position des écrivains et des penseurs dans les débats de l'époque.

phrase célèbre
« La peine de mort est le signe spécial et éternel de la barbarie. », Hugo, ***Discours à l'Assemblée nationale.***

5 La question de l'homme au XXe siècle

Les crises du siècle ébranlent la foi en l'homme. La condition humaine est redéfinie :

- **civilisation menacée par les horreurs de la guerre** : interrogation sur le sens de l'existence humaine (l'absurde) ;
- **engagement nécessaire dans l'action** : Résistance, guerre d'Espagne (Malraux), questions sociales (Sartre, Camus), décolonisation (Césaire, Sédar Senghor) ;
- **place de la femme** : mouvement féministe (Beauvoir) ;
- **émergence de sciences humaines :** sociologie, ethnologie, psychanalyse ;
- **fin des colonies, questions identitaires** : peur de la perte d'identité / richesse des échanges culturels ;
- **importance des médias (TV)** : positifs, mais danger de superficialité ; importance de la lecture.

phrase célèbre
« Nous autres, civilisations, nous savons maintenant que nous sommes mortelles. », Valéry, ***La Crise de l'esprit.***

36 Vers un espace culturel européen : Renaissance et humanisme

Lue Relue Apprise

mes notes

1 L'humanisme, un mouvement européen

A Mutations de la pensée en Europe aux XVe et XVIe siècles

De nouvelles connaissances fondent le socle de la pensée humaniste.

- **Redécouverte des manuscrits** grecs et latins antiques et traductions scientifiques : **racines communes** par-delà les différences nationales.
- **Grandes Découvertes** : autres peuples, autres mœurs.
- **Imprimerie : diffusion des savoirs dans toute l'Europe** (mathématiques, astronomie, médecine, textes antiques).
- **Proximité avec les textes bibliques** : **protestantisme** (guerres de religion en Europe)..
- **Formation d'une communauté de penseurs** : les humanistes européens s'écrivent entre eux et voyagent ; certaines villes sont de hauts centres humanistes (Florence et Lyon) ; le latin est une langue internationale.

B Naissance d'une vision commune de l'homme

- L'homme est au centre des préoccupations (microcosme et macrocosme : l'homme est un monde miniaturisé à lui seul).
- Il est perfectible grâce à l'éducation.
- Réflexion sur la civilisation et la barbarie, sur l'humanité.
- Réflexions sur l'homme en société : utopie, comment gouverner, importance de la liberté.

2 Des œuvres européennes

A Des hommes de diverses nationalités

Auteurs	Pays	Œuvres et travaux
Machiavel	Italie (Florence)	***Le Prince*** (comment gouverner) : essai fondamental, a donné naissance au machiavélisme (la fin justifie les moyens) (v. fiche 1)
Pétrarque	Italie	***Canzoniere*** (sonnets amoureux) a influencé les poètes Ronsard, du Bellay, Louise Labé (v. fiches 1 et 3)
Montaigne	France	***Essais***, civilisation/barbarie (v. fiche 2)
La Boétie	France	***Discours de la servitude volontaire*** : éloge de la liberté (v. fiche 2)
Rabelais	France	***Gargantua, Pantagruel*** (v. fiche 2)
Thomas More	Angleterre	***Utopia*** (v. fiche 1)

mes notes

Auteurs	Pays	Œuvres et travaux
Érasme	Hollande	***Éloge de la folie*** (v. fiche 1)
Pic de la Mirandole	Italie	« prince des érudits » : étude des textes antiques
Marsile Ficin	Italie	traduit Platon
Guillaume Budé	France	helléniste

B Ennemis et soutiens

- Les humanistes, opposés au dogme catholique, sont inquiétés par **l'Inquisition** qui condamne leurs œuvres (traductions de la Bible, dissections médicales...).
- Mais ils trouvent des protecteurs parmi **les Grands :**
  - **Laurent de Médicis, dit le Magnifique** (1449-1492) : prince de Florence et protecteur de nombreux humanistes.
  - **Léon X** (1475-1521) : fils de Laurent le Magnifique, a reçu une éducation humaniste, pape qui aime les lettres et les arts.
  - **François Ier** (1494-1547) : roi de France, admire la Renaissance italienne, fait venir des artistes (Léonard de Vinci), construit des châteaux (Chambord), fonde le Collège de France.
  - **Marguerite de Navarre** (1492-1549) : sœur de François Ier, très instruite, fait de la cour de Navarre un foyer humaniste. Protectrice des protestants. Auteur de l'***Heptaméron*** (contes inspirés du ***Décaméron*** de l'Italien Boccace).

3 Le socle de la culture européenne

A Arts

- Le foisonnement artistique de la Renaissance en littérature, peinture (Léonard de Vinci, Michel Ange, Raphaël), sculpture et architecture (Michel Ange, le Bernin) n'a cessé d'inspirer les artistes des siècles suivants.
- Ces chefs-d'œuvres appartiennent à notre patrimoine culturel européen.

B L'humanisme au fil des siècles

Les humanistes ont eu de nombreux héritiers.

- **Les Lumières** : pas de liberté humaine sans savoir, attaque contre toutes les entraves à l'épanouissement de l'homme (v. fiches 11 et 34).
- **Les écrivains et philosophes du XXe siècle** s'interrogeant sur l'humanité après les drames des Guerres Mondiales. ***Si c'est un homme*** de Primo Lévi, s'intéresse à ce qui est le dernier refuge de l'humanité lorsque les nazis tentent de la nier ; Malraux réfléchit à ce qui définit ***La Condition humaine***...

Les réécritures

37

☐ Lue ☐ Relue ☐ Apprise

mes notes

Il existe différents types de réécritures : les imitations et les transformations.

info-clé

On parle de réécriture quand un écrivain entreprend de **copier**, d'**imiter**, plus ou moins fidèlement un autre écrivain, qu'il prend pour **modèle.**

1 Différents types d'imitation

A Le pastiche

- Ouvrage dans lequel un auteur **imite** le style d'un autre auteur.
- C'est un **exercice d'école** pour apprendre à écrire (ex. : au XIXe siècle, on faisait écrire aux lycéens des discours à la manière de Cicéron).
- C'est aussi un **jeu littéraire** (ex. : Proust a écrit ***l'affaire Lemoine*** à la manière de différents auteurs).
- Le but est de faire croire que le **véritable auteur** est **l'auteur pastiché**.

B L'imitation

- Il s'agit de ressembler au modèle tout en s'en démarquant.
- On ne cherche pas à faire illusion sur le véritable auteur.

C Les techniques

Les mêmes procédés sont mis en œuvre pour le pastiche et l'imitation : reprise de la **structure narrative**, du **registre**, de la **forme**, de la **visée morale.**

2 Différents types de transformation

A L'amplification ou la réduction

- La reprise du modèle à transformer ne se fait pas forcément dans les mêmes proportions.
- L'auteur de la réécriture peut **amplifier** le modèle, c'est-à-dire, rédiger un texte **plus long**, plus détaillé (ex. : la réécriture de la descente aux enfers d'Homère par Virgile),
- ou au contraire le **réduire**, en faire un texte **plus court**, plus synthétique (ex. : la réécriture de ce même texte par Céline).

B La parodie

- **Au sens strict,** la parodie consiste à reprendre un sujet épique en en changeant le style afin de faire rire (ex. : Rabelais parodie la descente aux enfers d'Homère).

histoire littéraire

La parodie renvoie à une tradition très ancienne de la Grèce antique : la *parôdia* (ou contre-chant) était un détournement de la *rapsôdia* (ou épopée) à des fins comiques.

mes notes

- **Au sens large,** la parodie renvoie à toutes les formes de **transformation du texte** (changement de registre, de forme, de valeur) **à des fins comique, satirique ou philosophique**. L'effet comique vient du décalage par rapport au modèle.
- Il existe différents types de parodie :
  - **la transposition** : du cadre par exemple (ex. : Dante transpose la descente aux enfers, de Virgile, dans un univers chrétien) ;
  - **la transformation** : du style (ex. : d'un niveau de langue soutenu à un niveau de langue familier), du registre (ex. : du registre épique au registre comique), du genre (ex. : de la poésie au roman).

3 Les fonctions des réécritures

A Rendre hommage ou se démarquer

Imiter un auteur, c'est le reconnaître comme **un maître, un modèle** (ex. : quand Virgile écrit ***L'Énéide***, dont certains passages sont des réécritures de ***L'Odyssée*** d'Homère, il rend hommage à Homère), ou au contraire montrer qu'il est **dépassé** (ex. : lorsque Céline réécrit la descente aux enfers d'Homère dans une langue familière, il désacralise la littérature et prend ses distances à l'égard de ce modèle).

histoire littéraire

Nous évoquons un exemple célèbre de réécriture : la réécriture par de très nombreux auteurs d'un extrait de ***L'Odyssée*** d'Homère, la descente d'Ulysse aux enfers.

B Concurrencer le modèle

L'auteur qui fait une réécriture entend parfois **surpasser** son modèle (ex. : Virgile souhaite démontrer la supériorité des Latins sur les Grecs).

C Entériner un changement de mentalités

Une réécriture manifeste parfois des **changements idéologiques** importants (ex. : la réécriture d'Homère par Dante montre le passage d'un univers païen à un univers chrétien).

D Faire rire

Une parodie a pour but d'**amuser** le lecteur (ex. : la réécriture par Rabelais de la descente aux enfers d'Homère est d'autant plus drôle que le lecteur en connaît le modèle).

E Faire réfléchir et participer le lecteur

Le lecteur est invité à **comparer** mentalement la réécriture et son modèle.

38 Communication, énonciation et expression de la subjectivité

Lue · Relue · Apprise

mes notes

Communiquer implique une situation et des fonctions particulières qui entraînent des choix d'énonciation permettant ou non l'expression de la subjectivité.

1 La communication

A Schéma de la communication

Code (langage)

Émetteur (énonciateur, locuteur) — **Message** → **Récepteur** (destinataire, interlocuteur)

Référent (cadre spatio-temporel, culture)

B Les fonctions du langage

- **Référentielle** : des informations sur le référent sont transmises, définissant le contexte du message.
- **Phatique** : vérification de l'écoute du destinataire *(n'est-ce pas?)*, c'est-à-dire du contact émetteur/récepteur.
- **Expressive** : transmission des sentiments de l'émetteur.
- **Conative** : l'émetteur cherche à agir sur le récepteur (à le persuader, à le convaincre...).
- **Poétique** : jeu avec les mots, les sons. Attention, cette fonction ne se limite pas au genre poétique. Elle caractérise tout énoncé travaillé stylistiquement.
- **Métalinguistique** : dans le cas où le langage parle de lui-même, se prend comme sujet.

2 L'énonciation

L'énonciation est la production d'un discours par un émetteur pour un récepteur précis dans un contexte donné.

A Énonciations directe et différée

- **Énonciation directe** : l'émetteur et le destinataire sont face à face.
- **Énonciation différée** : il existe une séparation entre les deux, dans le temps ou spatialement.

mes notes

B Énoncés ancrés et coupés par rapport à la situation d'énonciation

	Énoncés ancrés	Énoncés coupés
Définition	Le discours a pour référence les temps et lieux de l'énonciation	Le discours n'a pas pour référence les temps, lieux et personnages de l'énonciation
Personnes	• Pronoms personnels : *je*, *on*, *nous* (énonciateur), *tu*, *vous* (destinataire) • Pronoms possessifs : *le mien*, *le tien*... • Adjectifs possessifs : *mon*, *ton*... démonstratifs : *celui-ci*, *celle-ci*, *ceux-ci*	• Pronoms personnels : 3ᵉ personne (énonciateur) • Pronoms possessifs : *le sien*, *le leur* • Adjectifs possessifs : *son*, *ses*...
Temps	• Adverbes : *hier*, *demain* • C.C.T. : *depuis la semaine dernière* • Temps et modes des verbes : lien avec le temps de l'énonciation	• Adverbe : *là* • C.C.T. : *la semaine précédente* • Temps et modes des verbes : passé (imparfait, passé-simple, plus-que-parfait)
Lieu	• Adverbes : *ici* • C.C.L. : *chez ma mère*	• Adverbes : *là* • C.C.L. : *dans la cour*
Genres littéraires	• Genres argumentatifs • Genre épistolaire	• Romans, nouvelles • Textes explicatifs ou informatifs

3 L'expression de la subjectivité

- On la rencontre surtout dans l'énoncé ancré (mais pas seulement) : l'émetteur peut laisser filtrer son avis sur ce qu'il énonce.
- Les marques de cette subjectivité sont des **modalisateurs** :
  - **Verbes** : *aimer, penser, croire, craindre*...
  - **Modes** : conditionnel et subjonctif peuvent marquer l'adhésion ou au contraire la distance.
  - **Adverbes** : *peut-être, bien sûr, hélas*...
  - **Adjectifs qualificatifs** : marquent souvent le jugement par leurs connotations mélioratives (plaisant, agréable...) ou péjoratives (désagréable, vulgaire...).
  - **Onomatopées**, exclamatives ou interrogatives rhétoriques. Des **émotions, jugements, doutes, certitudes, volontés, nécessités** sont ainsi exprimés.

L'astuce du prof
Lorsque vous analysez un texte, observez les modalisateurs, car ils sont riches en informations.

39 Les modes et les temps verbaux

☐ Lue ☐ Relue ☐ Apprise

mes notes

Les modes verbaux : différentes façons d'appréhender l'action exprimée par le verbe.
Les **temps** verbaux : manière de situer chronologiquement une action.

1 Modes impersonnels et personnels

- **Les modes impersonnels** (infinitif, participe) : le verbe ne se conjugue pas aux différentes personnes.
- **Les modes personnels** (indicatif, subjonctif, conditionnel, impératif) : le verbe se conjugue aux différentes personnes.
  - **L'indicatif** : souligne la **réalité** de l'action exprimée par le verbe. Ex. : *Il viendra, c'est certain.*
  - **Le subjonctif** : suggère que l'action exprimée n'est pas réelle (elle est **souhaitée** ou **crainte**, elle est **possible**...). Ex. : *Je souhaite qu'il vienne.*
  - **Le conditionnel** : exprime une action **soumise à une condition** ou **un souhait**. Ex. : *Il viendrait si c'était possible.*
  - **L'impératif** : sert à donner des **ordres** ou des **conseils**. Ex. : *Viens* !

L'astuce du prof

- Au lycée, on ne vous interroge plus sur la **conjugaison** mais sur la **valeur** des modes et des temps (dans le cadre du commentaire en particulier).
- Toutefois, cela n'est possible que si vous savez **identifier** les temps.

2 Les principales valeurs des temps simples

A Le présent

Les **principales valeurs du présent** sont :

- **Présent d'énonciation** : l'action ou l'état exprimé par le verbe a lieu au moment où le locuteur s'exprime. Ex. : *J'apprends ma leçon.*
- **Présent de vérité générale** : l'action ou l'état exprimé est toujours vrai. Ex. : *les bons élèves apprennent toujours leurs leçons.*
- **Présent de narration** : c'est l'équivalent d'un passé simple ; il intervient dans un texte au passé pour **mettre en valeur une action**. Ex. : *J'étais mauvais élève. Je traînais au lycée. Un jour, j'apprends ma leçon et je découvre que c'est plus simple.*
- **Présent d'habitude ou de répétition.** Ex. : *J'apprends toujours mes leçons.*

L'astuce du prof

Dans le cadre du commentaire ou de l'analyse d'un texte à l'oral, intéressez-vous aux temps qui introduisent une **rupture** dans un texte : un présent dans un texte au passé révèle par exemple une intention forte de la part de l'auteur. Commentez l'effet produit.

mes notes

B L'imparfait

Les **principales valeurs de l'imparfait** sont :

- **Imparfait de description**. Ex. : *C'était une belle maison.*
- **Imparfait d'habitude**. Ex. : *Tous les étés, il passait quelques jours dans cette maison.*
- **Imparfait duratif**. Ex. : *Il passait de longues heures à observer le plafond du salon.*
- **Imparfait de second plan** : quand il est associé au **passé simple**, l'imparfait peut exprimer une action de second plan, moins importante que celle qui va être exprimée au passé simple. Ex. : *Il s'apprêtait à quitter la maison, quand le plafond s'effondra.*

C Le passé simple

Les **principales valeurs du passé simple** sont :

- **Exprimer une action passée**, circonscrite dans le temps. Ex. : *Il passa trois ans en Angleterre.*
- **Exprimer une action soudaine.** Ex. : *Il décida soudain de rentrer.*
- **Exprimer une action de premier plan** (par rapport à l'imparfait qui exprime alors une action de second plan).

L'astuce du prof

Dans le cadre du commentaire ou de l'analyse d'un texte à l'oral, intéressez-vous aussi aux valeurs **inhabituelles**.
Ex. « Il voyagea » (Flaubert, ***L'Éducation sentimentale***)
→ On attendrait un imparfait de durée et non un passé simple. Il faut commenter l'effet.

D Le futur

Les principales valeurs du futur sont :

- Exprimer une **certitude.** Ex. : *Il a beaucoup travaillé : il aura son bac.*
- Exprimer un **ordre**. Ex. : *Vous m'apporterez votre carnet de liaison.*

3 Les temps composés

- Les temps composés sont formés à partir d'un auxiliaire (*avoir* le plus souvent, *être* parfois, pour le verbe *partir* par exemple). Ex. : *Quand il a appris ses leçons, il part en balade.*
- Ils marquent une **antériorité par rapport aux temps simples**. Ainsi le passé antérieur marque l'antériorité par rapport au passé simple : le plus-que-parfait par rapport à l'imparfait...
- Ils expriment également **l'accompli**. Le passé composé exprime une action accomplie ; le présent exprime une action en train de se faire.

Les focalisations

40

Lue Relue Apprise

mes notes

La focalisation est un point de vue adopté par le narrateur lorsque celui-ci est extérieur à l'histoire.

1 Différents types de narrateurs

- Le **narrateur** raconte l'histoire. Deux possibilités :
  - **narrateur personnage** : c'est un personnage de l'histoire, qui participe, de près ou de loin, à l'action.
  - **narrateur extérieur à l'histoire** : ce n'est pas un personnage et il ne participe pas à l'action. Il s'exprime de manière anonyme à la troisième personne. Il ne doit toutefois pas être confondu avec le romancier, celui qui écrit. Le narrateur externe peut adopter **différents points de vue ou focalisations**.

2 Focalisation zéro ou point de vue omniscient

- **Le narrateur expose tout** sur tous les personnages (leur passé, leur présent, leur avenir, leurs rêves, leurs pensées, etc.).
- Il peut **expliquer le comportement** des personnages, **expliciter leurs motivations secrètes**, mais également **juger** du bien fondé de leurs actions. Il est le plus **exhaustif** possible dans la présentation des personnages.
- **Ce désir d'exhaustivité** participe du projet **naturaliste** : il s'agit de donner le plus de détails possibles au lecteur afin qu'il puisse pleinement comprendre ce qui se joue sous ses yeux. On en trouve notamment de nombreux exemples dans les romans de **Zola**.

Exemple :
« Saccard, tout frais de sa province, ne put d'abord descendre dans les profondeurs délicates des nombreux métiers de Mme Sidonie. Comme il avait fait une année de droit, elle lui parla un jour des trois milliards, d'un air grave, ce qui lui donna une pauvre idée de son intelligence », Zola, ***La Curée***, chapitre II.

Focalisation zéro car le narrateur :
- **explique le comportement** de Saccard (celui-ci vient d'arriver d'une petite ville, dans laquelle tous les habitants connaissent parfaitement leurs voisins et dans laquelle il est impossible de

mes notes

cacher quoi que ce soit aux autres) et celui de Mme Sidonie (elle pense que son frère va pouvoir la comprendre parce qu'il a fait des études de droit) ;
- **annonce la suite de l'intrigue** (l'adverbe de temps « d'abord » suggère que par la suite Saccard, qui aura appris à connaître les arcanes de la vie parisienne, sera plus à même de percer les secrets de sa sœur) ;
- **juge son personnage**, qui ne comprend pas bien sa sœur et ce qu'il pourrait en tirer (« une bien pauvre idée »).

3 Focalisation interne

- Le narrateur anonyme adopte le **point de vue d'un personnage**. Il rapporte sa version des événements de manière **subjective.**
- Le narrateur peut adopter **successivement** le point de vue de **plusieurs** personnages : on a alors plusieurs focalisations internes successives.

L'astuce du prof

Souvent un passage en focalisation interne commence par un verbe de regard (ex. : *elle observait la scène*) ou de pensée (ex. : *elle se demandait si...*).

- La focalisation interne plonge dans **les cœurs des personnages**, dévoile leurs pensées et leurs motivations.

Exemple :

« Elle ne remuait pas, raidie dans une horrible anxiété, sentant une main forte qui cherchait sa poitrine cachée entre ses coudes. Elle haletait bouleversée sous cet attouchement brutal ; et elle avait surtout envie de se sauver, de courir par la maison, de s'enfermer quelque part, loin de cet homme », Maupassant, ***Une Vie***, chapitre IV.

Le narrateur adopte, dans ce passage, le point de vue de Jeanne pendant sa nuit de noces : cela crée une **complicité**, une **empathie** entre elle et le lecteur.

4 Focalisation externe

- Le narrateur essaie d'être le plus **objectif** possible. Il décrit la scène comme un témoin extérieur la décrirait, comme s'il ne connaissait rien des personnages, de leurs sentiments ou motivations.
- Cette focalisation qui interdit tout jugement, toute explication : c'est au lecteur d'**interpréter** ce qui lui est présenté.

Les paroles rapportées

41

Lue Relue Apprise

mes notes

Le narrateur peut être amené à rapporter les paroles des personnages du récit. Selon l'effet à produire, le romancier adopte une façon différente de les rapporter.

1 Discours direct

- Le **narrateur laisse la parole aux personnages**, dont il rapporte les paroles **exactement, entre guillemets.**
- Le **lecteur** est alors **témoin direct** du dialogue entre les personnages, sans médiateur.
- Le discours direct a plusieurs **fonctions** dans un roman :
  - **produire un effet de réel** : le lecteur a l'impression d'entendre les personnages s'adresser à lui.
  - **mettre en évidence** une réplique importante : le discours direct tranche sur le résumé d'une conversation, pour attirer l'attention du lecteur.
  - **suspendre le jugement** du narrateur : aucune interprétation n'est imposée, c'est au lecteur d'entendre, de comprendre, d'évaluer les répliques des personnages.
  - **caractériser** un personnage en faisant entendre sa **parlure** : on déduit de la manière dont parle un personnage son niveau social, son origine géographique...

2 Discours indirect et discours indirect libre

- Le **narrateur inclut les paroles** des personnages **dans son propre discours.** Deux possibilités :
  - **discours indirect** : les paroles, qui ne sont pas placées entre guillemets, sont **subordonnées** à un verbe de parole, ce qui entraîne un certain nombre de modifications grammaticales.
  - **discours indirect libre** : les paroles des personnages subissent les mêmes modifications grammaticales que dans le discours indirect, mais elles ne sont plus subordonnées à un verbe de parole.
- Le **discours indirect** est relativement peu employé en raison de sa **lourdeur grammaticale.** Le discours indirect libre prolonge souvent le discours indirect. Ex. : *Il se disait qu'il avait fait une bêtise* (DI). *Il aurait dû la prévenir* (DIL).
- Le **discours indirect libre** a pour principale fonction de rapporter les **pensées intimes** des personnages.

mes notes

3 Discours narrativisé ou récit de paroles

- Le narrateur indique qu'il y a eu dialogue entre les personnages, **sans prendre la peine de rapporter leurs paroles.**
- Le narrateur signifie ainsi que les paroles **n'ont pas d'importance**.

lexique

Déictique : mot qui ne se comprend qu'en référence à la situation d'énonciation.

Ex. : pour savoir quel jour est « demain », il faut savoir quand on prononce ce mot.

Synthèse

	Discours direct (DD)	**Discours indirect (DI)**	**Discours indirect libre (DIL)**	**Discours narrativisé**
Caractéristiques	• Guillemets • Verbes de paroles en incise • Utilisation de **déictiques** • On peut trouver des marques d'oralité (contractions orales par exemple)	• Pas de guillemets • Verbe de parole introducteur (les paroles sont subordonnées au verbe) • Pas de déictique (transformation des déictiques obligatoire) • Pas de marque d'oralité • Concordance des temps requise	• Pas de guillemets • Pas de verbe de parole introducteur • Pas de déictique (même transformation que pour le DI) • Pas de marque d'oralité • Concordance des temps requise comme pour le DI	• Pas de guillemets • Un verbe qui indique une prise de parole (les paroles ne sont pas rapportées exactement)
Exemples	*« Je te donne rendez-vous ici, demain », écrivit-elle.*	*Elle écrivit qu'elle lui donnait rendez-vous là, le lendemain.*	*Elle lui donnait rendez-vous là, le lendemain.*	*Elle lui écrivit pour lui donner rendez-vous.*

La versification

☐ Lue ☐ Relue ☐ Apprise

mes notes

L'analyse de textes poétiques nécessite une bonne connaissance du vocabulaire poétique, et des règles de versification.

1 Vers et strophe

A Le vers

- Un **vers** se définit par une ligne en poésie. Il commence par une majuscule.
- Les vers les plus fréquents en poésie sont l'**octosyllabe** (8 syllabes), le **décasyllabe** (10 syllabes), **l'alexandrin** (12 syllabes).

Ex. : « *Aboli bibelot d'inanité sonore* » (Mallarmé) est un alexandrin.

- Pour décompter le nombre de syllabes dans un vers, il faut faire attention à **l'élision du *e*** : s'il se trouve en fin de vers ou devant une voyelle, il est dit « muet ». En revanche, on le prononce s'il est devant une consonne.

Ex. : « *Heureux qui, comm(e) Ulysse, a fait un beau voyag(e) / Ou comme cestuy-là, qui conquit la toison* » (Du Bellay).

- Il y a **diérèse** lorsque dans un mot contenant deux voyelles consécutives, on compte les deux voyelles pour deux syllabes.
- La **synérèse** est la réunion de ces deux voyelles en une seule syllabe.

Ex : « *vi-o-lente* » est une diérèse, « *vio-lente* » une synérèse.

B La strophe

La **strophe** est un ensemble de vers : on la nomme **distique** (pour une strophe de deux vers), **tercet** (trois vers), **quatrain** (quatre vers).

C Les formes fixes les plus fréquentes

- Le **sonnet** (deux quatrains suivis de deux tercets), le plus souvent en alexandrins.
- La **ballade** (trois strophes de forme semblables, la quatrième se nomme **l'envoi**). Présence d'un dernier vers identique à chaque strophe, **le refrain**.
- L'**ode** : trois strophes à l'origine : la **strophe**, l'**antistrophe** et l'**épode**.

2 Les sonorités

A Les rimes

- Les rimes peuvent être **pauvres** (lorsque les deux mots à la rime ne contiennent qu'un seul son commun), **suffisantes** (deux sons), **riches** (trois sons).

Ex. : *orage/neige* : **rime pauvre** ; *orage/marécage* : **rime suffisante** ; *orage/barrage* : **rime riche**.

mes notes

- Elles peuvent être **plates** ou **suivies** (AABB), **croisées** (ABAB), **embrassées** (ABBA).
- Les rimes sont dites **féminines lorsqu'elles se terminent par un *e* muet, toutes les autres sont masculines.**

B D'autres échos sonores

- Une **assonance** est la répétition d'un même son voyelle à l'intérieur d'un vers.

Ex : *« Je fais souvent ce rêve étrange et pénétrant. »* (Verlaine).

- Une **allitération** est la répétition d'un même son consonne.

Ex : *« Comme un marin qui meurt en mer en plein mois d'août. »* (Aragon).

3 Les rythmes

L'astuce du prof

Lorsque vous devez commenter un poème en prose, qui ne contient pas de vers, intéressez-vous aux effets de rythme et de sonorités.

A Le rythme du vers

- La **coupe (/)** est une pause dans le vers, située après chaque syllabe accentuée (en général la dernière syllabe non muette d'un mot long ou d'un groupe de mots courts).

Ex. : *« Et la mer/ et l'amour/ ont l'amer/ pour partage »* (Marbeuf).

- La **césure (//)** est la coupe centrale, qui sépare le vers en deux parties, nommées **hémistiches**.

Ex. : *« Parfois, lorsque tout dort, // je m'assieds plein de joie »* (Hugo).

B La rupture du rythme

- On parle **d'enjambement** quand une phrase commencée dans un vers se finit au vers suivant.

Ex. : *« Sous le pont Mirabeau coule la Seine*
Et nos amours » (Apollinaire).

- Le **rejet** repousse au vers suivant un ou deux mots d'une phrase, pour les mettre en valeur.

Ex. : *« Même il m'est arrivé quelquefois de manger*
Le berger. » (La Fontaine).

- Le **contre-rejet** place en fin de vers un ou deux mots d'une phrase qui se poursuit au vers suivant.

Ex. : *« Je dis à cette nuit : Sois plus lente ; et l'aurore*
Va dissiper la nuit. » (Lamartine).

43 Les figures de style

☐ Lue ☐ Relue ☐ Apprise

mes notes

Les figures de style sont des procédés d'écriture créant des effets particuliers.

1 Marquer l'insistance

- **Énumération/accumulation** : juxtaposition ou coordination de plusieurs termes appartenant souvent à un même champ lexical. **Souligne un thème, une idée.** Ex. : *« Feuilles de jour et mousse de rosée, / Roseaux du vent, sourires parfumés »* (Éluard).
- **Parallélisme** : deux énoncés ont une syntaxe semblable. **Rythme la phrase, souligne une opposition.** Ex. : *« Il n'avait pas de fange dans l'eau de son moulin, / Il n'avait pas d'enfer dans le feu de sa forge »* (Hugo).
- **Anaphore** : répétition d'un même mot ou expression en début de phrase, vers, membre de phrase. **Souligne un thème, rythme la phrase, marque une incantation.** Ex. : *« Rome l'unique objet de mon ressentiment / Rome à qui ton bras vient d'immoler mon amant »* (Corneille).

L'astuce du prof

- Toujours donner **l'effet créé** par une figure de style. Cela évite la paraphrase et donne le **sens** du passage.
- Dire qu'il y a une comparaison sans indiquer son rôle n'a aucun intérêt !

2 Les effets d'amplification ou d'atténuation

A L'amplification

- **Hyperbole** : exagère une réalité. **Met en relief un sentiment**, sert la **parodie** ou la satire. Ex. : *Je meurs de soif.*
- **Gradation** : succession de termes d'intensité croissante ou décroissante. **Effet de "zoom"** proche de l'hyperbole. Ex. : *« Va, cours, vole et nous venge. »* (Corneille).

B L'atténuation

- **Litote** : dire plus qu'il n'y paraît de façon voilée. Négation souvent utilisée. **Atténue une réalité** pour mieux la faire **ressortir**. Ex. : *« Va, je ne te hais point. »* (Corneille).
- **Euphémisme** : atténuer une réalité jugée choquante par des mots plus doux que le mot précis. **Atténue, dissimule.** Ex. : *le quatrième âge.*
- **Prétérition** : prétendre ne pas dire une chose et en fait la dire. **Met en lumière un défaut, une critique.** Ex. : *Je ne rappellerai pas sa malhonnêteté.*

mes notes

3 Les effets d'opposition

- **Chiasme** : deux expressions contiennent les mêmes éléments syntaxiques, placés inversement dans chacune (ABBA). **Souligne une vision synthétique, l'union ou l'opposition de deux réalités contraires**. Ex. : « *On aime encore quand on hait et on hait encore quand on aime.* » (La Rochefoucauld).
- **Oxymore** : placer deux termes opposés **dans un même groupe**. **Crée une nouvelle réalité surprenante** (poésie). Ex. : « *Le soleil noir de la mélancolie* » (Nerval).
- **Antithèse** : placer deux termes opposés **dans une même phrase. Souligne un conflit, une opposition**. Ex. : « *Ton bras est invaincu mais non pas invincible.* » (Corneille).

4 Les effets de substitution

- **Métonymie/synecdoque** : remplacer le mot précis par un mot qui lui est proche (métonymie : contenant, cause, origine, instrument, symbole ; synecdoque : partie, matière). **Raccourci d'expression, vision imagée**. Ex. de métonymie : *fumer des havanes* (des cigares qui viennent de la Havane). Ex. de synecdoque : *voir une voile* (un bateau).
- **Périphrase** : remplacer le mot précis par une expression. **Crée une attente, un mystère, insiste sur une qualité**. Ex. : *la Venise du Nord* (Bruges).
- **Antonomase** : remplacer un nom propre par un nom commun et inversement. **Effet d'oralité, de complicité**. Ex. : *je lis un Balzac* (un roman de Balzac)
- **Antiphrase** : dire le contraire de ce que l'on pense ; c'est un support de l'ironie. **Donne un jugement négatif sous couvert d'éloge**. Ex. : *Que tu es beau !* (la personne est mal habillée).

5 L'analogie

- **Comparaison** : image qui met en relation deux éléments par un **outil grammatical**. Vision imagée ; support de l'éloge ou du blâme. Ex. : *Paul rugit comme un lion.*
- **Métaphore/métaphore filée** : image qui met en relation deux éléments sans outil grammatical ; **métaphore filée** : lorsqu'une même image est reprise dans le texte. **Vision imagée et poétique** ; support de l'éloge et du blâme. Ex. : *Paul rugit de colère.*

44 Les registres littéraires

Lue Relue Apprise

mes notes

Le registre est la tonalité d'un texte avec des caractéristiques stylistiques et des effets particuliers sur le lecteur (rire, pitié, angoisse...). Il est souvent lié à un genre littéraire.

1 Solliciter la sympathie du lecteur

- **Registre comique** (comédie). Il cherche à **faire rire** par des situations (répétition, quiproquo), des gestes, paroles (hyperbole, jeux de mots) ou un caractère.

Ex. : dialogue Dorine/Orgon (Molière, ***Le Malade imaginaire***) :

Ex. : « D : *Madame eut, avant hier, la fièvre jusqu'au soir* [...] / O : *Et Tartuffe ?* / D : *Tartuffe ? Il se porte à merveille* [...] / O : *Le pauvre homme !* ».

- **Registre ironique.** Il crée une **connivence.** Par l'exagération, l'antiphrase, on écrit l'inverse de ce qu'on pense tout en se faisant comprendre.

Ex. : *« Voilà certainement des douceurs que j'admire »*, répond Célimène à Alceste, qui l'a accusée de la « pire méchanceté » (Molière, ***Le Misanthrope***).

- **Registre satirique** (satire). On cherche à **faire partager son attaque par le rire.** La cible est un personnage, un groupe social dont les défauts sont mis en évidence ; les armes sont l'hyperbole, la caricature, l'antiphrase, le faux éloge...

Ex. : *« J'entends Théodecte de l'antichambre ; il grossit sa voix à mesure qu'il approche. »* (La Bruyère, ***Les Caractères***)

2 Décrire, informer, convaincre

- **Registre didactique.** L'auteur veut **enseigner quelque chose**, il se sert de la logique, d'exemples, de conseils...

Ex. : développements sur l'argot ou les égouts de Paris dans ***Les Misérables*** (Hugo).

- **Registre polémique** (pamphlet). Il sert à **faire partager son point de vue**. Il recourt à l'argumentation conflictuelle, des exclamatives et interrogatives oratoires (indignation, surprise), des figures d'opposition et d'insistance...

Ex. : *« Quoi ! Une constitution a été faite par le suffrage universel, et vous voulez la faire défaire par le suffrage restreint ! »* (Hugo).

- **Registre réaliste** (roman). Le but est de **faire assister à une chose, donner l'illusion du vrai**.

mes notes

Ex. : « *Une girouette, [...] ; ça se composait d'une colonne, puis d'un drapeau ; [...] avec des morceaux de zinc découpés et soudés.* » (Zola).

3 Faire appel à l'émotion

- **Registre épique** (épopée, roman, poésie). **Suscite l'admiration ou l'effroi** par des effets d'exagération, d'amplification.

Ex. : « *Ô soldats de l'an deux ! Ô guerres ! Épopées ! / Contre les rois tirant ensemble leurs épées* » (Hugo).

- **Registre lyrique** (roman, poésie). Il s'agit de **faire partager ses sentiments** : emploi de la 1re personne, lexique des émotions, exclamations, interrogations, musicalité.

Ex. : « *Il pleure dans mon cœur / Comme il pleut sur la ville ; / Quelle est cette langueur / Qui pénètre mon cœur ?* » (Verlaine).

- **Registre tragique** (tragédie). **Suscite la peur ou la pitié**. Le héros lutte sans espoir contre une force contraire puissante (dieux, destin, honneur, passion).

Ex. : « *[...] j'ai vu votre malheureux fils / Traîné par les chevaux que sa main a nourris. / Il veut les rappeler, et sa voix les effraie* » (Racine).

- **Registre pathétique** (tragédie). **Éveille la compassion, l'émotion,** par l'évocation de souffrances, des apostrophes, des interjections.

Ex. : « *Vous dirai-je quel fut le déplorable sujet de mes entretiens avec Manon [...] ? Ah !* » (Abbé Prévost).

4 Solliciter l'imaginaire

- **Registre merveilleux** (conte). **Fait rêver** grâce à des éléments irrationnels (monstres, magie).
- **Registres fantastique, étrange** (conte, nouvelle). **Suscite l'angoisse.** Si on doute de la rationalité de l'action, le registre est fantastique ; si une interprétation rationnelle est choisie on est dans l'étrange.

Ex. : « *– "La Vénus [statue]... elle a serré le doigt." J'éprouvai un frisson subit [...] Puis, un grand soupir qu'il fit m'envoya une bouffée de vin* » (Mérimée).

Si le lecteur décide que la statue s'est animée, le registre est merveilleux ; s'il choisit que le héros ivre a tout rêvé, le registre est étrange ; s'il ne sait trancher et reste dans le doute entre les deux interprétations précédentes, le registre est fantastique.

Commenter un texte narratif

45

Lue Relue Apprise

mes notes

Un texte narratif raconte une histoire vraie ou fictive par la voix d'un narrateur. On le reconnaît grâce aux verbes d'action, aux connecteurs de temps, à l'emploi des temps du récit.

1 Les outils d'analyse

- L'analyse d'un texte narratif fait appel à des outils qui lui sont propres :
  - **la narration** : qui raconte l'histoire ? Est-ce un narrateur-personnage ou un narrateur extérieur à l'histoire ?
  - **la focalisation** : quel point de vue le narrateur adopte-t-il ? (v. fiche 40)
- Le texte narratif est la forme du discours dominante dans le genre romanesque, même s'il trouve aussi sa place dans d'autres genres.
- Les **outils d'analyse spécifiques au genre romanesque** seront donc utiles aussi. Ce sont :
  - les **liens entre narration et description** : comment la description s'insère-t-elle dans le texte narratif (Y a-t-il rupture ou au contraire continuité, via le regard d'un personnage par exemple ?) ? Quel éclairage apporte-t-elle à la narration ?
  - l'étude des **personnages** : qui sont les personnages ? Quelles sont les informations directement fournies par le narrateur (identité, portrait physique ou moral) ? Que révèle le récit sur les protagonistes (en effet, les actions peuvent aussi éclairer le lecteur sur le caractère du personnage) ? (v. fiche 29)
  - le **traitement du temps** : les événements sont-ils racontés dans l'ordre chronologique ? Quels sont les rapports entre le temps de la narration et le temps du récit ?
- Enfin, **les outils d'analyse généraux du texte littéraire** peuvent aussi vous servir.
  - les **figures de style** : quelles sont les figures de style dominantes ? Quel effet produisent-elles ? (v. fiche 43)
  - le **discours rapporté** : la parole est-elle donnée aux personnages ? Comment sont rapportées leurs paroles ? (v. fiche 41)

focus

Le rapport entre le temps de la narration et le temps du récit :

- le temps de la narration coïncide avec celui du récit : le lecteur suit l'épisode en temps réel : c'est une **scène** ;
- le temps de la narration est plus bref que celui du récit : soit le narrateur résume une série d'épisodes, et on parle alors de **sommaire** ; soit il en passe certains sous silence et c'est le procédé de **l'ellipse**.

L'astuce du prof

Lisez attentivement le paratexte, des indices peuvent vous aider.

mes notes

2 Pour construire le commentaire

- **Appliquez de manière systématique** chaque outil d'analyse : posez-vous toutes les questions recensées ci-dessus et interrogez-vous sur **l'effet produit.**
- Ex. : qui est le narrateur ? → P., le héros de l'histoire ; quel est **l'effet produit** ? → le lecteur peut s'identifier à lui et a le sentiment de participer lui-même à l'action.
- **Repérez des lignes de force** : rassemblez toutes vos interprétations ponctuelles de manière à faire apparaître des lignes de force, les idées principales qui formeront les grands axes de votre commentaire, écrit ou oral.

Exemple

Outil d'analyse	Constat	Interprétation	Ligne de force
• narration	• première personne	• identification au personnage	récit dynamique
• traitement du temps	• passé simple/ ellipses des épisodes secondaires	• actions brèves et ponctuelles/ accélération du rythme du récit	
• figures de style	• hyperboles	• souligne la vigueur du héros	

- **Hiérarchisez** vos idées : allez toujours du plus évident au moins évident.

Ex. :

I. Un récit dynamique ;
II. Un personnage en apparence brillant ;
III. Les prémices de sa fin malheureuse.

Ou

I. Une rencontre amoureuse ;
II. La mystérieuse jeune femme.

remarque

Votre plan peut comprendre deux ou trois parties, comme dans les exemples ci-dessus. En revanche, il est important que chaque partie contienne au moins deux sous-parties.

Commenter un texte descriptif

46

Lue Relue Apprise

mes notes

Un texte descriptif permet au lecteur de se représenter un lieu, un objet, une personne… Pour commenter un texte descriptif, il faut procéder en trois étapes.

1 Reconnaître et comprendre un texte descriptif

A Comment le reconnaître ?

On reconnaît un texte descriptif grâce :

- aux verbes d'état ;
- aux connecteurs de lieu ;
- à l'emploi des temps (imparfait en particulier) ;
- à l'abondance d'adjectifs qualificatifs.

B Comprendre sa structure

Se poser plusieurs **questions** :

● **Qu'est-ce qui est décrit ?** : un lieu ? Un objet ? Un personnage ?

● **Comment la description est-elle organisée ?** : étudiez comment on passe d'un élément de la description à un autre.
Ex. : pour un paysage, on peut aller du plus près au plus lointain ;
pour un personnage, on peut le décrire de la tête aux pieds.

Il peut arriver que la description n'obéisse à aucune logique : il faut alors se demander quel est l'effet produit par ce désordre, cette confusion.

● **Comment la description est-elle introduite ?**
Interrogez-vous en particulier sur les **liens entre narration et description :**

- Comment la description s'insère-t-elle dans le texte narratif ?
- Quel éclairage apporte-t-elle à la narration ?
  Ex. : la description s'insère parfois dans la narration sans effet de rupture : un personnage fait une pause pour contempler ce qui l'entoure.

2 Repérer les différents procédés d'écriture

Tous les procédés d'écriture peuvent être mis en œuvre dans une description. Vous devez être particulièrement attentifs :

- aux **images** : repérez les métaphores, les comparaisons, les personnifications ;
- aux **champs lexicaux** dominants ;

L'astuce du prof

■ À chaque fois que vous repérez un procédé, demandez-vous l'effet qu'il produit…

■ Faites le lien avec les fonctions de la description.

mes notes

– aux **procédés musicaux** : écoutez les effets de rythme, les assonances, les allitérations.

3 Identifier les fonctions de la description

- Une description a souvent **plusieurs** fonctions.

Fonction	Définition	Procédés d'écriture
Réaliste	• Ancrer la narration dans le **réel**. • Elle met en jeu tous les sens, de manière à donner l'impression au lecteur de pénétrer dans l'espace décrit ou de voir le personnage décrit.	• Vocabulaire des sensations. • Termes techniques.
Symbolique	• Dévoiler, à travers un portrait physique, un caractère **moral**. • Dévoiler, à travers la description d'un paysage ou d'un objet, un élément du **caractère** ou des émotions du personnage qui le regarde. Ainsi, au lieu d'énoncer les traits de caractère de ce personnage dans une énumération arbitraire, le narrateur les **fait comprendre** au lecteur en lui faisant partager sa vision des choses : c'est à travers le regard du personnage sur les objets, les paysages ou les êtres que l'on apprend à mieux le connaître.	• Figures de style (métaphores, personnification). • Procédés musicaux. • Rythmes.
Narrative	• Annoncer **la suite du récit**. • Les connotations des termes employés, les images utilisées dans la description font pressentir au lecteur la suite de l'intrigue.	Figures de style (métaphores, comparaisons.)
Esthétique	• Embellir le réel, le transformer en une véritable œuvre d'art.	• Procédés musicaux. • Figures de style.

- Ces différentes fonctions constituent des **axes** de commentaire.

Commenter un texte argumentatif

47

☐ Lue ☐ Relue ☐ Apprise

mes notes

Le but d'un texte argumentatif est de faire adhérer le lecteur à la thèse de l'auteur, qui utilise pour cela des stratégies et des outils particuliers en plus des autres techniques d'écriture (v. fiche 49 pour la méthode des commentaires).

1 Lire et comprendre un texte argumentatif

A Quel est le thème ? Quelle est la thèse ?

- **Le thème** : c'est le sujet de l'argumentation. Ex. : l'esclavage.
- **La thèse** : ce que dit l'auteur de ce thème. Ex : attaque de l'esclavage.

B Comment la thèse est-elle argumentée ?

- **Les arguments** : ce sont les idées ou faits soutenant la thèse. On distingue :
  - L'argument **logique** : repose sur un enchaînement de causes et de conséquences.
  - L'argument **d'autorité** : repose sur une référence à une personne sérieuse (nom ou citation) ; la valeur de la personne se communique ainsi à l'argument.
  - L'argument **par analogie** : comparaison pertinente avec une autre thèse à laquelle le destinataire peut adhérer aisément.
  - L'argument ***ad hominem*** : repose sur la dénonciation d'une personne.
  - L'argument **de valeur** : repose sur des règles morales communément admises.
- **Les exemples** : illustrations concrètes d'un argument (expérience personnelle, références culturelles, données chiffrées...).
- **Les genres argumentatifs** (v. fiche 34)
  - L'argumentation est-elle **directe / indirecte** ? Pourquoi ? Effets ?
  - Est-ce un personnage qui exprime la thèse ou plusieurs ? Pourquoi ? Effets ?

C Quels types de raisonnement ?

- **Raisonnement déductif** : du cas général vers le cas particulier.
- **Raisonnement inductif** : du cas particulier vers le cas général.
- **Raisonnement concessif** : reconnaît la véracité de certains points de la thèse opposée pour mieux la réfuter après.
- **Raisonnement par l'absurde** : relations causes/conséquences absurdes pour faire réfléchir.

mes notes

D Quels sont les buts de l'auteur ?

- **Convaincre** : chercher à faire adhérer à une thèse en utilisant des arguments rationnels, touchant la raison.
- **Persuader** : chercher à faire adhérer à une thèse en utilisant des arguments sensibles, touchant les sentiments.
- **Délibérer** : peser le pour et le contre dans un débat finalement résolu.
- ***Docere*** (apprendre) : donner des informations pour convaincre.
- ***Movere*** (émouvoir) : susciter la pitié (émotions et pathétique).
- ***Placere*** (plaire) : flatter le destinataire et lui rendre l'argumentation plaisante (récit, humour...).

Une argumentation efficace mêle souvent ces différentes stratégies.

2 Plans possibles

A La fable : le plan-type s'articule de la façon suivante :

I. Étude du récit : éléments le rendant plaisant (*placere*) pour soutenir l'argumentation (v. fiche 34).

II. Étude de l'intrigue : personnages, rapports de force...

III. Morale : différents niveaux de sens.

B Le portrait

- Cas général :

I. portrait physique

II. portrait moral

- Comparaison d'un **éloge** et d'un **blâme** :

I. éloge (ou blâme)

II. blâme (ou éloge)

III. sens de la confrontation

3 Introduction et conclusion

- **Introduction.** Préciser le thème et la thèse. **Cerner la problématique** : comment l'auteur procède-t-il pour défendre sa thèse ?
- **Ouverture de la conclusion.** Comparaison avec un autre texte argumentatif sur le même thème (quelle thèse ? Quels moyens ?) ou explication historique liée au sujet (ex. : citer l'affaire Calas si le texte porte sur la tolérance religieuse).

Les questions

48

Lue Relue Apprise

mes notes

Les questions constituent la première partie de l'épreuve anticipée de français (EAF). 1 ou 2 questions au maximum, notées sur 4 points au total en séries générales.

1 Description

- Les questions portent sur un corpus de documents, c'est-à-dire un groupement de 3 à 6 documents (textes éventuellement accompagnés de documents iconographiques).
- Il peut arriver que ce corpus soit une œuvre intégrale de trois pages maximum : contes, nouvelles. Tous ces documents ont un lien avec un ou plusieurs des objets d'étude au programme.

2 Lire efficacement le corpus

- Dans un premier temps, **lisez** attentivement les textes de manière à pouvoir les **comparer.**
- Pour plus d'efficacité, vous pouvez recenser vos observations dans un tableau, comme celui qui est proposé ci-dessous, ou vous contenter de surligner les éléments directement sur le corpus. Il s'agit de repérer les enjeux essentiels du corpus proposé.

L'astuce du prof

- Il est toujours bon de lire toutes les questions (et l'ensemble du sujet) avant de démarrer.
- La lecture du texte du corpus n'en sera que plus efficace.

	Texte 1	**Texte 2**	**Texte 3**	**Convergences / différences**
Auteur / titre				
Date / contexte				
Genre				
Thèmes majeurs				
Forme du discours				
Registre				
Visée du texte				

3 Analyser les questions

- Les questions peuvent être très **diverses.** Elles portent sur :
  - **le genre.** Ex. : À quel genre appartiennent les textes ?
  - **le sens.** Ex. : Quelle est la thèse soutenue dans chacun des textes ?

mes notes

- **les formes du discours.** Ex. : Quelle est la forme du discours qui domine dans les textes du corpus ?
- **l'esthétique du texte.** Ex. : Quelle est la figure de style dominante dans les textes du corpus ?
- **une comparaison.** Ex. : Comparez les textes du corpus.
- **une illustration.** Ex. : En quoi les textes du corpus illustrent-ils la thèse énoncée dans le texte 3 ?

L'astuce du prof

Pour bien comprendre la question, il faut avoir soigneusement appris ses cours pendant toute l'année !

● **Procédez par étapes :**
- **identifiez les mots-clés** de la question ➜ il s'agit non seulement de les relever mais également de mobiliser vos connaissances pour identifier à quelles notions étudiées pendant l'année ils font appel ;
- **définissez les opérations à effectuer** ➜ relever des citations, nommer une figure de style, interpréter ;
- **effectuez ces opérations au brouillon** avant de vous lancer dans la rédaction au propre de votre réponse.

3 Rédiger les réponses

● Les réponses aux questions doivent être entièrement **rédigées, justifiées** (c'est-à-dire appuyées sur des citations du texte) et vous devez toujours **interpréter** vos relevés.

● Organisez la réponse. Deux plans possibles :
- **un plan analytique** : un paragraphe par texte, mais cela est fortement déconseillé quand on peut faire un plan synthétique.
- **un plan synthétique** : un paragraphe par idée (par exemple, pour une question sur le registre, vous faites un paragraphe par registre : un paragraphe pour le registre lyrique, dans lequel vous évoquez les textes A et C, et un sur le registre pathétique, dans lequel vous évoquez les textes B et D).

● La réponse commence par **une phrase d'introduction** pour indiquer votre objectif et présenter rapidement le corpus et son enjeu.
- Elle se termine par **une phrase de conclusion** pour rappeler ce que vous avez démontré.

49 Le commentaire

☐ Lue ☐ Relue ☐ Apprise

mes notes

Le commentaire porte sur un texte littéraire en rapport avec un des objets d'étude du programme. Il l'explique en suivant un développement organisé et argumenté : chaque partie du plan doit démontrer quelque chose.

1 Lire efficacement le texte

Pour réussir le commentaire, il faut commencer par lire le texte, en deux temps :

A Une lecture globale

Caractérisez le texte en vous interrogeant sur :
- les informations contenues dans le **paratexte**,
- le genre du texte,
- la forme du discours,
- le thème du texte,
- le registre.

B Une lecture détaillée

- Lisez le texte en mettant en œuvre tous **les outils d'analyse** que vous connaissez : commencez par ceux qui sont spécifiques au genre du texte (ex. : pour un extrait romanesque, commencez par analyser la narration puis la focalisation (v. fiche 40) ; pour un texte poétique, considérez d'abord le rythme et autres procédés musicaux), puis appliquez les autres.
- Pour chaque outil, faites des **observations** dans le texte et réfléchissez à **l'effet produit** par ce que vous avez observé.

piège à éviter

Commenter un texte, ce n'est pas porter un jugement de valeur, c'est en **dégager le sens**, grâce à des outils d'analyse techniques (énonciation, registres, figures de style, champs lexicaux).

lexique

Paratexte : introduction et notes qui accompagnent le texte.

2 Construire le plan

A Organiser ses idées

Pour le plan, **synthétisez** vos remarques. Faites apparaître des convergences dans vos observations, afin de dégager des sous-parties et des grands axes de lecture.

B Quelques plans-types

- **Pour une fable**, consacrez un axe qui montre comment le récit est rendu vivant (l'art du récit), et un autre à étudier la portée morale de la fable (la leçon).

L'astuce du prof

Quelques outils d'analyse très utiles : champs lexicaux, énonciation, figures de style, procédés musicaux, ponctuation, typographie, registres, syntaxe.

mes notes

- **Pour un portrait**, pensez à séparer ce qui relève du physique et du moral, de l'éloge et du blâme.
- **Pour une scène d'exposition**, consacrez un axe à la valeur informative de la scène, et un autre à réfléchir sur les procédés d'animation. Pour la **scène de dénouement**, consacrez un axe au bilan (sort réservé à chaque personnage, clôture de l'intrigue), et un autre à réfléchir aux moyens d'impressionner le spectateur.

L'astuce du prof

Pour trouver les grands axes, relisez l'énoncé de la question : il attire votre attention sur un élément important du texte à commenter.

3 Rédiger le commentaire

A L'introduction

- **Présentation du texte**. Faites comme si le correcteur ne le connaissait pas (ne commencez pas par « *Cet extrait parle de* »). Mentionnez le nom de l'auteur, le titre de l'œuvre, sa date de publication.
- **Caractérisation du passage**. Précisez le thème central, le genre (pour le théâtre, indiquez s'il s'agit d'un monologue, d'un dialogue ; pour la poésie, s'il s'agit d'un sonnet, si le mètre est régulier), la forme du discours dominante.
- **Problématique**. Formuler une question qui mette en évidence l'enjeu du commentaire, du type : « comment le texte... ? »
- **Annonce des grandes parties de votre développement**, avec des formules du type « on étudiera, on montrera ». Il est inutile d'annoncer les sous-parties.

B Le développement

- **Comment faire apparaître le plan ?** Vous ne pouvez pas faire apparaître des **I** ou des **A** sur votre copie. Il va falloir substituer des phrases aux titres des parties et des sous-parties qui figurent sur votre brouillon. Pensez à faire des alinéas, retours à la ligne ou sauts de lignes.
- **Comment construire une sous-partie (= un paragraphe) ?**
  - Phrase d'introduction qui annonce une idée.
  - Démonstration de l'idée par des analyses (citations commentées et analysées).
  - Transition (récapitulation et annonce de la sous-partie suivante).

C La conclusion

- **Récapitulation** des grands axes de lecture développés.
- **Mise en relation** du texte avec les autres textes du corpus pour en saisir brièvement les ressemblances thématiques ou formelles.

La dissertation

50

Lue Relue Apprise

mes notes

La dissertation est un exercice de réflexion et une prise de position. Elle sert à évaluer la rigueur du candidat dans la construction de son argumentation et sa capacité à prendre du recul sur un objet d'étude, examiné dans sa globalité.

1 L'analyse du sujet : les étapes à respecter

- Bien lire le sujet plusieurs fois, identifier l'objet d'étude concerné, souligner les mots importants pour **éviter le hors-sujet**. Tenter de définir ces termes, surtout s'ils peuvent avoir plusieurs sens, ce qui doit aider pour bâtir un plan ensuite.
- Reformuler en des termes simples la question posée dans le sujet. Ex. : *« Pensez-vous comme du Bellay que le poète qui "chante" son mal "l'enchante" ? »* revient à se demander si la poésie doit servir à embellir les aspects négatifs de la vie.
- **En déduire les grandes parties du plan** (il en faut au moins deux) :
  - Soit on peut répondre par oui ou par non à la question, et ce sont les grandes parties du plan (**plan dialectique**).
    Ex. : « Pour exister un personnage de roman doit-il réussir ? » **I.** Oui, le lecteur attend un héros parfait. **II.** Non, l'antihéros est sans doute plus intéressant.
  - Soit l'on ne peut pas, il faut alors très souvent énumérer les caractéristiques d'un genre littéraire (**plan analytique**).
    Ex. : *« Quelles sont les attentes qui poussent les spectateurs à aller au théâtre ? »* **I.** Assister à un spectacle. **II.** Écouter un texte littéraire.

> **L'astuce du prof**
> Privilégiez un plan en deux parties, bien construit, plutôt qu'un plan en trois parties bancal !

- **Chercher ses arguments** (au moins trois par partie), en faisant attention à ce que chacun des arguments suive bien l'idée directrice de la grande partie.
  Ex. : Le spectateur se rend au théâtre pour **A.** Se représenter les modalités matérielles d'une œuvre (incarnation des personnages par les acteurs, par exemple). **B.** Éprouver des émotions (terreur, pitié, rire...). **C.** Découvrir une nouvelle création (chaque metteur en scène livre une vision unique d'une même pièce).
- **Chercher ses exemples** : un par argument, ce qui fait au minimum six exemples à chercher. Il y en a au moins trois dans le corpus de textes, les autres sont à tirer des textes vus en classe de Seconde ou de Première, d'autres encore de la culture personnelle du candidat.

mes notes

2 Comment rédiger une dissertation ?

Une dissertation doit comporter :

A Dans l'introduction

- **Une phrase d'amorce**, qui est une réflexion générale sur l'objet d'étude, sur l'histoire littéraire ou culturelle en rapport avec le sujet.
- **L'énoncé du sujet** : on cite fidèlement les propos de l'auteur, on retranscrit la question du libellé sans la remplacer par une autre.
- **Une analyse du sujet** : quelles réflexions entraîne-t-il ? On en déduit éventuellement une problématique (qui est parfois déjà explicitée dans la question du sujet).
- **Une annonce du plan**, qui expose les grandes parties du développement (mais pas les sous-parties).

B Dans le développement, pour chaque sous-partie

- Une phrase d'**annonce** de l'argument.
- Quelques phrases pour le développer.
- L'analyse détaillée d'un **exemple littéraire** (mini-explication de texte).
- Une **phrase de transition** qui récapitule la sous-partie et annonce la suivante.

L'astuce du prof

Fixez-vous un minimum de cinq lignes pour développer votre exemple : il ne s'agit pas d'y faire simplement allusion !

C Dans la conclusion

- Un **bilan** des grandes parties, une réponse claire à la problématique posée.
- Un **élargissement**, c'est-à-dire une **ouverture** sur un autre sujet de réflexion directement lié au sujet traité. Évitez de terminer votre devoir par une question, c'est souvent maladroit.

L'astuce du prof

- Dans cette dernière partie, le candidat peut et doit donner clairement son avis personnel.
- Une prise de position tranchée est préférable à une conclusion tiède !

D Ne pas oublier

- **Sautez des lignes** entre chaque grande partie.
- **Matérialisez chaque argument par un paragraphe** commençant par un alinéa, introduit par un lien logique *(tout d'abord, ensuite, enfin...)*. Une sous-partie = un argument = un paragraphe.
- **Ménagez des phrases de transition** entre les grandes parties.

51 L'écriture d'invention

☐ Lue ☐ Relue ☐ Apprise

mes notes

L'écriture d'invention est un exercice consistant à produire un texte inspiré par les documents du corpus, en sollicitant les facultés d'imagination et d'expression du candidat, mais aussi sa capacité à suivre des consignes d'écriture précises.

1 L'analyse du sujet : les étapes à respecter

- **Bien lire le sujet plusieurs fois.** Repérer l'objet d'étude concerné.
- **Identifier le type d'écrit demandé** : s'agit-il d'une lettre ? D'un dialogue ? D'une suite de texte ?
- **Identifier le type de discours à produire** : narratif ? Argumentatif ? Descriptif ?
- **Repérer la situation d'énonciation** à mettre en place : qui parle ? À qui ?
- **Identifier le registre à employer** : satirique ? Polémique ? Lyrique ?
- **Préparer son brouillon** : faire la liste récapitulative des informations précédentes, en indiquant les contraintes d'écriture à respecter.
  - S'il s'agit de s'inspirer d'un texte du corpus, quels procédés d'écriture faudra-t-il utiliser ? (figures de style, niveau de langue, longueur des phrases…)
  - S'il s'agit d'un texte argumentatif, faire la liste des arguments à utiliser, ainsi que des exemples littéraires, comme s'il fallait rédiger le plan d'une dissertation.
  - Dans tous les cas, prévoir au brouillon le plan du devoir, sa progression et les idées principales abordées dans chaque paragraphe. Il faut éviter d'écrire au fil de la plume.

L'astuce du prof

Comme dans une dissertation, développez vos exemples littéraires sur plusieurs lignes !

L'astuce du prof

- Préparez une fin à votre texte, cohérente avec votre progression.
- On n'arrête pas son écrit d'invention quand on pense avoir écrit suffisamment…

2 Les formes de l'écriture d'invention

Les principales attentes sur les différents types d'invention :

A L'écriture argumentative

- Développer un point de vue, le réfuter, faire se confronter deux points de vue différents sur un même sujet.

mes notes

Ex. : « Un metteur en scène s'adresse à l'ensemble de son équipe pour définir ses choix d'interprétation d'un extrait d'***Antigone*** pour que le passage devienne une grande scène d'affrontement ».

- Rédiger une lettre, un pamphlet, un discours, un dialogue de théâtre, un monologue, un récit à visée argumentative.

Ex. : « Vous écrirez une fable moderne dont la moralité sera : "L'essentiel est invisible pour les yeux" ».

- Utiliser un registre satirique, polémique, pathétique.

B L'imitation

- Utiliser une forme particulière : un monologue, un extrait de roman, une fable.

Ex. : « À la manière de Proust, faites la description d'une femme vieillissante que vous avez aimée dans sa jeunesse ».

- Discerner s'il s'agit d'un pastiche (imitation fidèle du texte) ou d'une parodie (imitation qui détourne le texte dans le but de faire rire).
- Employer le même lexique, les mêmes figures de style.

C L'amplification

- Rédiger la suite d'un texte ou ce qui le précède, en conservant ses caractéristiques essentielles (genre, énonciation, registre, procédés d'écriture).
- Insérer un élément nouveau dans un récit (un dialogue, une description).

D La transposition

- Changer de genre littéraire (passer du texte théâtral à l'extrait de roman, de la poésie à la lettre).
- Changer le registre (du texte épique au comique).
- Changer le mode de narration (la focalisation, le narrateur...).

Ex. : « Racontez l'événement survenu dans cet extrait en adoptant le point de vue de la jeune fille ».

L'astuce du prof

Plus que dans n'importe quel écrit, le correcteur doit être séduit par votre langage : ayez recours aux figures de style, à différents registres, à un vocabulaire recherché...

L'oral de l'EAF : l'explication de texte

52

Lue Relue Apprise

mes notes

L'épreuve d'oral comporte deux parties sur 10 points : l'explication d'un texte étudié pendant l'année et l'entretien. 30 minutes de préparation avec le texte vierge (25 pour l'explication, 5 pour l'entretien) + 10 minutes d'exposé.

1 Le temps de préparation

A Prendre en compte la question : le texte à expliquer est connu, il s'agit d'en proposer une analyse qui **répond à la question posée.**

- Répondre à la question, c'est **adapter** le cours : **intervertir** des parties/sous-parties, **reformuler** les titres et **transitions**, **ôter** certains points.
- Il faut donc **apprendre par cœur le plan détaillé du cours.**
- Prendre le temps d'analyser la question, ses enjeux.

Cours	Question
En quoi ce texte est-il une attaque de la colonisation européenne ? **I.** blâme des Européens (E) **II.** renforcé par un éloge des Tahitiens (T)	En quoi l'image des T sert-elle la critique ? **I.** l'image des T = cours II **II.** permet de dénoncer les E = cours I

B Écrire au brouillon

- **Le plan détaillé du cours + le plan adapté à la question** que vous faites à partir de celui du cours. Ne pas tout rédiger : mots clefs, analyse des transitions surlignées.
- **L'introduction** est à rédiger en entier ; avec le stress, il peut être difficile d'improviser au début de l'épreuve.
- **La conclusion** est à rédiger en entier : la dernière impression doit être soignée.

L'astuce du prof

N'écrire que d'un côté des feuilles de brouillon et bien les numéroter pour :
- avoir toutes vos notes sous les yeux pendant la préparation et ainsi avoir une vue d'ensemble sur votre travail,
- ne pas se perdre dans ses notes avec le stress lors de l'exposé.

2 Le temps de l'oral

A Introduction

- **Auteur** : nom, période, mouvement littéraire, éléments biographiques éclairant le texte.
- **Texte** : informations sur l'œuvre, sur le passage précis.
- **Lecture** du texte (seulement le début pour les textes longs).

mes notes

- **Problématique** liée à la question posée : question reformulée.
- **Annonce logique du plan** de l'explication : privilégier le commentaire composé/thématique.

B Développement

- 2-3 grandes parties avec 2-3 sous-parties et des transitions logiques.
- Chaque sous-partie développe une ou plusieurs **idées justifiées par des citations précises analysées** : repérage stylistique pour dire **à quoi sert tel ou tel procédé.**

> **remarque**
> L'examinateur peut montrer des signes de fatigue. Ne vous en inquiétez pas, aidez-le en lui Indiquant les numéros de ligne ou vers de votre plan.

C Conclusion

- **Bilan** qui répond à la question.
- **Ouverture** : comparaison avec un autre texte :
  - le rapprochement doit être pertinent ;
  - vous avez des connaissances permettant de bien commencer l'entretien si l'examinateur vous interroge sur ce texte.

3 Conseils pratiques

A Matériel. Convocation, pièce d'identité, descriptif des activités, textes étudiés vierges en double exemplaire, montre précise (car les téléphones sont interdits).

B Vêtements. Costume ou tailleur non exigé, mais tenue correcte (pas de piercing, de sous-vêtements visibles, de décolleté plongeant).

C Attitude. Politesse *(bonjour/merci/au revoir, madame/monsieur)*, ne pas montrer (mots/gestes/soupirs) sa satisfaction ou sa déception devant le sujet ou sa prestation, ne pas négocier le sujet, éviter les signes de malaise.

D Attentes du correcteur

- Respect du **temps** imparti.
- Prise en compte de la **question** : adapter le cours à la question.
- **Commentaire littéraire** : idées, citations, analyses des citations.
- **Lecture expressive** : ton mis = texte compris.
- **Niveau de langue et élocution** corrects.

E Gestion du temps

- Ralentir ou accélérer son débit en fonction de l'heure (montre).
- S'entraîner en cours ou avec des camarades pour tenir le temps et être capable de faire des phrases à partir de notes.

53 L'oral de l'E.A.F. : l'entretien

Lue Relue Apprise

mes notes

L'entretien est la seconde partie de l'oral de français : il dure 10 minutes et est noté sur 10.

1 L'entretien

A Le Sujet

- L'examinateur pose des questions sur l'ensemble de la séquence correspondant au texte expliqué. Il se concentre surtout sur les activités complémentaires, mais peut aussi orienter la discussion sur les textes d'explication.
- Il est censé s'en tenir à la séquence du texte expliqué, mais il peut interroger sur d'autres séquences : pour aider le candidat qui ne sait rien, ou au contraire lorsque celui-ci maîtrise tout très bien pour voir jusqu'où il peut monter sa note, ou encore lorsque la séquence est trop maigre pour nourrir l'entretien.

B Les attentes de l'examinateur

Expression et dialogue	Réflexion et analyse	Connaissances
• Niveau de langue et élocution corrects • Écoute et compréhension des questions pour distinguer les questions de cours de celles de réflexion • Réponse fluide et construite	• Argumentation : capacité à justifier ses idées précisément • Mise en relation des textes étudiés • Élargissement des points étudiés	• Œuvres, mouvements littéraires, auteurs • Culture personnelle

2 Comment se préparer ?

A Se faire des fiches sur les activités complémentaires

- **Textes complémentaires**
  - Titre de l'œuvre et quelques informations sur celle-ci : de quoi parle-t-elle ?
  - Nom de l'auteur et son mouvement littéraire : être capable de dire quelques mots sur l'auteur et de définir son mouvement.
  - Contenu du texte étudié.

L'astuce du prof

- Demandez-vous toujours quels intérêts et buts a un texte ou une activité.
- Votre professeur ne l'a pas choisi au hasard et l'axe d'étude sélectionné est orienté par les objectifs de votre séquence.

mes notes

- **Intérêt du texte** : pourquoi le professeur l'a-t-il retenu dans la séquence ? Quelle fonction joue-t-il dans l'ensemble ?

Ex. : Montesquieu, ***De L'Esprit des lois***, *« Si j'avais à soutenir... »* : montrer les intérêts (dénonciation de l'esclavage non censurée) et dangers de l'ironie (pas vue par de nombreux lecteurs) ou encore le rôle du raisonnement par l'absurde (rien ne peut justifier l'esclavage).

- **Films, théâtre, sorties**
  - Être capable de les expliquer : extrait vu en cours d'un film adapté d'un roman → lequel ?
  - Être capable d'analyser l'activité → Fidélité au roman ? Quels choix d'acteurs ? De costumes ? De musique ? De réalisation ?
- **Lectures**
  - **Cursives** : pouvoir raconter le livre, expliquer en quoi il appartient à tel ou tel mouvement, justifier sa place dans la séquence, argumenter votre avis sur le livre.
  - **Intégrales** : en plus des questions ci-dessus, connaître des thèmes spécifiques à l'œuvre et pouvoir les expliquer et analyser.
    Ex. : la place des femmes dans ***Bel Ami***, l'image de la société, Duroy un anti-héros ?
- **Regard général sur la séquence**
  - Être capable de comparer les textes étudiés, de les mettre en relation.
    Ex. : De quel texte rapprocheriez-vous le texte que vous avez expliqué ? Pourquoi ? Il faut donner des points communs, mais aussi des différences.
  - Connaître les problèmes littéraires posés par la séquence : ils ont été abordés en cours, souvent en dissertation. Ce sont eux qui nourrissent les questions d'analyse.
    Ex. : De l'argumentation directe ou indirecte, laquelle, selon vous, est la plus efficace ?

L'astuce du prof

Choisir pour l'ouverture de l'explication une comparaison entre le texte expliqué et un autre, développée partiellement pour que l'une des questions de l'entretien soit une invitation à approfondir la mise en relation.

B S'entraîner

- Imaginer les questions posées pour essayer d'y répondre. Cela permet de voir ses lacunes en matière de connaissances littéraires, mais aussi de constater si on a ou pas compris l'intérêt de telle ou telle activité.
- Ne pas hésiter à se porter volontaire en cours ou à faire des entretiens d'entraînement avec des camarades. Cela permet de faire le point sur ses connaissances et de parfaire ses capacités de communication.

Citations-clés

Roman

1 « Les êtres humains s'ennuient tellement qu'il leur faut ces romans pour s'inventer d'autres vies. » A. Mabanckou

2 « Quelle doit être l'intention du romancier ? C'est d'exprimer, dans une fable intéressante, une vérité utile. » V. Hugo

3 « Madame Bovary, c'est moi. » G. Flaubert

4 « Les bons romans portent sur le combat entre le bien et le mal, et la traversée des apparences vers la réalité. » I. Murdoch

5 « Un personnage n'est jamais le romancier qui l'a créé. Il y a des chances cependant pour que le romancier soit tous ses personnages à la fois. » A. Camus

6 « Un roman, c'est un miroir que l'on promène le long d'un chemin. » Stendhal

7 « Le roman est une méditation sur l'existence vue à travers des personnages imaginaires. » M. Kundera

8 « Les romans ne renferment pas la vie, ils n'en racontent que la surface ridée, comme celle d'un lac. » G. Dor

9 « Il s'agit de laisser à nos héros l'illogisme, l'indétermination, la complexité des êtres vivants. » F. Mauriac

10 « Les gens ne s'intéressent pas aux héros heureux. » J. Lacarrière

11 « Écrire des romans est un acte de rébellion contre la réalité, contre Dieu, contre la création de Dieu qui est la réalité. » M. Vargas Llosa

12 « Comme une grande musique qu'on peut réécouter sans fin, les grands romans eux aussi sont faits pour des lectures répétées. » M. Kundera

13 « Je n'invente pas grand-chose dans mes romans, tout est déjà là. C'est une grande banalité de dire cela : la vie est romanesque. » J.-P. Dubois

14 « Le roman, c'est la clef des chambres interdites de notre maison. » L. Aragon

Poésie

15 « Certains se font de la poésie une idée si vague qu'ils prennent ce vague pour l'idée même de la poésie. » P. Valéry

16 « Si la société évacue la poésie comme mode d'expression non productif, c'est peut-être que la poésie est un foyer de contestation, un acte de résistance, une incompatibilité fondamentale avec le système dominant ? » J. Rouaud

17 « Toute poésie vraie est inséparable de la révolution. » M. Leiris

18 « Le poète se souvient de l'avenir. » J. Cocteau

19 « Le rôle de la poésie : elle dévoile, dans toute la force du terme. » J. Cocteau

20 « La poésie est un miroir brouillé de notre société, et chaque poète souffle sur ce miroir : son haleine différemment l'embue. » L. Aragon

Théâtre

21 « Un théâtre où on ne rit pas est un théâtre dont on doit rire. » B. Brecht

22 « Ce qui distingue les forfaits de la vie de ceux du théâtre, c'est que dans la vie on fait plus et on dit moins, et qu'au théâtre on parle beaucoup pour faire une toute petite chose. » A. Artaud

23 « Rien de plus futile, de plus faux, de plus vain, rien de plus nécessaire que le théâtre. » L. Jouvet

24 « Le théâtre, c'est d'être réel dans l'irréel. » J. Giraudoux

25 « Seul ce qui est insoutenable est profondément tragique, profondément comique, essentiellement théâtre. » E. Ionesco

26 « Le théâtre est une tribune. » V. Hugo

mes notes

Index

mes notes

Les chiffres renvoient aux numéros de pages.

Histoire littéraire

Calculez votre score en additionnant les points obtenus

L'humanisme

Plusieurs réponses possibles

1 L'humanisme est un mouvement du : **1 pt**

❑ **a.** XVe siècle ❑ **b.** XVIe siècle ❑ **c.** XVIIe siècle ❑ **d.** XVIIIe siècle

2 L'humanisme rejette : **1 pt**

❑ **a.** l'Antiquité ❑ **b.** le Moyen Âge ❑ **c.** les Lumières

3 Quelle conséquence a la découverte de civilisations inconnues ? **1 pt**

❑ **a.** le mépris pour ces peuples ❑ **b.** le bouleversement des croyances

4 Qu'est-ce qui permet à l'homme de s'épanouir pleinement ? **1 pt**

❑ **a.** la politique ❑ **b.** l'éducation ❑ **c.** l'amitié

5 Les humanistes accordent une grande importance à : **1 pt**

❑ **a.** l'homme en tant que personne ❑ **b.** Dieu

6 Qu'est-ce qui remet en cause la foi des humanistes dans le genre humain ? **1 pt**

❑ **a.** les utopies ❑ **b.** les guerres de religion ❑ **c.** la mort

7 Les humanistes définissent des modèles politiques grâce au recours à : **1 pt**

❑ **a.** l'imagination ❑ **b.** l'Histoire ❑ **c.** l'utopie

8 Quelle est l'œuvre majeure de Montaigne : **1 pt**

❑ **a.** *Les Amours* ❑ **b.** *Les Essais* ❑ **c.** *De La Servitude volontaire*

9 L'œuvre de Montaigne a une dimension : **1 pt**

❑ **a.** autobiographique ❑ **b.** théâtrale ❑ **c.** argumentative

10 Les récits de Rabelais sont fantaisistes mais proposent aussi une réflexion sur : **1 pt**

❑ **a.** la société idéale ❑ **b.** l'éducation ❑ **c.** la guerre

Total : .... /10

Si besoin → **revoir les fiches 1 et 2**

La Pléiade

Plusieurs réponses possibles

1 La Pléiade est un mouvement du : **1 pt**

❑ **a.** XVe siècle ❑ **b.** XVIe siècle ❑ **c.** XVIIe siècle

2 Le chef de file de la Pléiade est : **1 pt**

❑ **a.** Du Bellay ❑ **b.** Baïf ❑ **c.** Ronsard

3 Le premier nom de la Pléiade était : 1 pt

❑ **a.** l'Athénée ❑ **b.** la Troupe ❑ **c.** la Brigade

4 Les buts de la Pléiade sont : 1 pt

❑ **a.** traduire des œuvres antiques ❑ **b.** imiter des œuvres antiques
❑ **c.** montrer son érudition

5 Le manifeste de la Pléiade est : 1 pt

❑ **a.** *La Franciade* ❑ **b.** *Défense et Illustration de la langue française*
❑ **c.** *Discours des misères de ce temps*

6 Quel est l'auteur du recueil poétique *Odes* ? 1 pt

❑ **a.** Ronsard ❑ **b.** du Bellay ❑ **c.** Louise Labé

7 Pendant son séjour romain, du Bellay rédige : 1 pt

❑ **a.** *L'Olive* ❑ **b.** *Les Regrets* ❑ **c.** *Sonnets pour Hélène*

8 Dans les guerres entre catholiques et protestants, Ronsard se range du côté : 1,5 pt

❑ **a.** des catholiques ❑ **b.** des protestants

Total : .... /8

Si besoin → **revoir les fiches 3 et 4**

Le baroque

Plusieurs réponses possibles

Calculez votre score en additionnant les points obtenus

1 Le baroque naît en : 1 pt

❑ **a.** Italie ❑ **b.** France ❑ **c.** Allemagne

2 Le baroque privilégie une esthétique de la sobriété et de la rigueur : 1 pt

❑ **a.** vrai ❑ **b.** faux

3 Le théâtre baroque respecte la règle de la vraisemblance : 1 pt

❑ **a.** vrai ❑ **b.** faux

4 À quoi reconnaît-on une sculpture baroque ? 1 pt

❑ **a.** aux lignes droites ❑ **b.** aux lignes courbes
❑ **c.** au hiératisme des formes ❑ **d.** au mouvement

5 Comment nomme-t-on le massacre des protestants parisiens qui marque l'apogée des guerres de religion en France au XVIe siècle ? 1 pt

❑ **a.** la nuit des Longs Couteaux ❑ **b.** la Saint-Nicolas ❑ **c.** la Saint-Barthélémy

Total : .... /5

Si besoin → **revoir la fiche 5**

Fiches d'évaluation

Calculez votre score en additionnant les points obtenus

Le classicisme

Plusieurs réponses possibles

1 Quel est le roi de France qui règne pendant la période classique : 1 pt

❑ **a.** Louis XI ❑ **b.** Louis XIV ❑ **c.** Louis XVI

2 Au nom de quelle règle les personnages doivent-ils mourir hors scène : 1 pt

❑ **a.** la bienséance ❑ **b.** la bienpensance ❑ **c.** l'élégance

3 Le classicisme est un mouvement du : 1 pt

❑ **a.** XVIe siècle ❑ **b.** XVIIe siècle ❑ **c.** XVIIIe siècle

4 Quelles sont les caractéristiques de la langue classique : 1 pt

❑ **a.** le naturel ❑ **b.** la richesse des constructions
❑ **c.** la simplicité ❑ **d.** l'abondance des synonymes

5 Quelles sont les règles qui composent la règle des trois unités ? 1 pt

❑ **a.** unité de lieu ❑ **b.** unité de paroles
❑ **c.** unité de temps ❑ **d.** unité d'action

Total : .... /5

Si besoin → **revoir les fiches 6 à 8**

Le libertinage

Plusieurs réponses possibles

1 Le libertinage de pensée correspond aux : 1 pt

❑ **a.** XVIIe siècle ❑ **b.** XVIIIe siècle ❑ **c.** XIXe siècle

2 Le libertinage de mœurs correspond aux : 1 pt

❑ **a.** XVIIe siècle ❑ **b.** XVIIIe siècle ❑ **c.** XIXe siècle

3 Le libertinage de pensée a pour objet : 1 pt

❑ **a.** la religion ❑ **b.** la sexualité ❑ **c.** la forme de gouvernement

4 Le roman de Laclos est : 1 pt

❑ **a.** autobiographique ❑ **b.** moralisateur ❑ **c.** épistolaire

5 Quelle pièce de Molière met en scène un libertin ? 1 pt

❑ **a.** *Tartuffe* ❑ **b.** *Dom Juan* ❑ **c.** *Les Fourberies de Scapin*

6 La pièce de Molière mettant en scène un libertin relève du libertinage de : 1 pt

❑ **a.** pensée ❑ **b.** mœurs

Total : .... /6

Si besoin → **revoir la fiche 9**

Calculez votre score en additionnant les points obtenus

Le théâtre au XVIIIe siècle

Plusieurs réponses possibles

1 Marivaux est un auteur : 1 pt

❑ **a.** de comédies ❑ **b.** de romans ❑ **c.** de tragédies

2 Les œuvres de Marivaux : 1 pt

❑ **a.** critiquent le fonctionnement de la société
❑ **b.** analysent la naissance du sentiment amoureux

3 À quel mouvement appartient Beaumarchais ? 1 pt

❑ **a.** au classicisme ❑ **b.** au libertinage ❑ **c.** aux Lumières

4 Beaumarchais assigne au théâtre une fonction contestatrice : 1 pt

❑ **a.** vrai ❑ **b.** faux

5 Figaro, le héros des pièces de Beaumarchais, est : 1 pt

❑ **a.** un valet ❑ **b.** un jeune noble amoureux ❑ **c.** un père tyrannique

Total : ...... /5

Si besoin → revoir la fiche 10

Les Lumières

Plusieurs réponses possibles

1 Les Lumières sont un mouvement culturel et littéraire du : 1 pt

❑ **a.** XVIe siècle ❑ **b.** XVIIe siècle ❑ **c.** XVIIIe siècle ❑ **d.** XIXe siècle

2 La société française est alors : 1 pt

❑ **a.** divisée en trois ordres ❑ **b.** inégalitaire ❑ **c.** monarchique

3 Il est alors possible de publier tout ce que l'on veut : 1 pt

❑ **a.** vrai ❑ **b.** faux

4 Les Lumières récusent pour accéder au savoir : 1 pt

❑ **a.** l'expérience ❑ **b.** les sens ❑ **c.** la foi ❑ **d.** la raison

5 Les Lumières estiment que l'acquisition d'un savoir n'est possible que grâce : 1 pt

❑ **a.** à l'expérience ❑ **b.** aux sens ❑ **c.** à la foi ❑ **d.** à la raison

6 Les Lumières cherchent à mettre en place : 1 pt

❑ **a.** le despotisme éclairé ❑ **b.** la démocratie ❑ **c.** la République

7 Pour diffuser leurs idées, les écrivains des Lumières utilisent : 1 pt

❑ **a.** l'ironie ❑ **b.** les contes philosophiques ❑ **c.** la tragédie

8 L'œuvre majeure des Lumières est : 1 pt

❑ **a.** *Le Dictionnaire philosophique portatif* ❑ **b.** *L'Encyclopédie*
❑ **c.** *Les Lettres persanes*

Total : ...... /8

Si besoin → revoir les fiches 11 à 13

Fiches d'évaluation

Le romantisme

Calculez votre score en additionnant les points obtenus

Plusieurs réponses possibles

1 Quelles sont les formes poétiques utilisées par les romantiques ? **1 pt**

❑ **a.** l'ode ❑ **b.** la ballade ❑ **c.** le rondeau ❑ **d.** le sonnet

2 Quel thème n'est pas abordé par les romantiques : **1 pt**

❑ **a.** Le rapport entre l'homme et la nature ❑ **c.** L'exotisme
❑ **b.** L'amour ❑ **d.** Le travail

3 Le drame romantique respecte la règle des trois unités : **1 pt**

❑ **a.** vrai ❑ **b.** faux

4 Le registre privilégié par les romantiques est le registre : **1 pt**

❑ **a.** épique ❑ **b.** tragique ❑ **c.** lyrique

5 Comment appelle-t-on le sentiment de malaise éprouvé par les romantiques ? **1 pt**

❑ **a.** le Spleen ❑ **b.** le mal du siècle ❑ **c.** la mélancolie

6 À quel moment naît le romantisme ? **1 pt**

❑ **a.** avant la Révolution française ❑ **b.** après la Révolution française
❑ **c.** après 1830

7 Qui a écrit les *Méditations poétiques* ? **1 pt**

❑ **a.** Lamartine ❑ **b.** Musset ❑ **c.** Vigny

8 La pièce de théâtre de Victor Hugo qui déclencha une vraie « bataille » entre classiques et romantiques est : **1 pt**

❑ **a.** *Ruy Blas* ❑ **b.** *Hernani* ❑ **c.** *Lucrèce Borgia*

9 Quelle pièce de Musset se passe dans l'Italie de la Renaissance ? **1 pt**

❑ **a.** *Lorenzaccio* ❑ **b.** *On ne badine pas avec l'amour* ❑ **c.** *Fantasio*

10 Comment se nomme l'autobiographie poétique de Victor Hugo ? **1 pt**

❑ **a.** *Les Châtiments* ❑ **b.** *Les Feuilles d'automne* ❑ **c.** *Les Contemplations*

Total : .... /10

Si besoin → **revoir les fiches 14 à 17**

Le réalisme et le naturalisme

1 Qui a écrit la *Comédie humaine* ? **1 pt**

❑ **a.** Balzac ❑ **b.** Flaubert ❑ **c.** Zola

2 Avec la *Comédie humaine*, le romancier entend faire concurrence à : **1 pt**

❑ **a.** la Bible ❑ **b.** l'annuaire ❑ **c.** l'état-civil

3 Qui est le jeune ambitieux dans la *Comédie humaine* ? **1 pt**

❑ **a.** Vautrin ❑ **b.** Rastignac ❑ **c.** Saccard

4 **Quel roman fait scandale en 1857 ?** 1 pt

❑ **a.** *L'Assommoir* ❑ **b.** *Madame Bovary* ❑ **c.** *La Peau de chagrin*

5 **Quel est le nom de la famille dont Zola dresse le portrait dans son *Histoire naturelle et sociale d'une famille sous le Second Empire* ?** 1 pt

❑ **a.** Saccard ❑ **b.** Rougon-Macquart ❑ **c.** Raquin-Macquart

6 **Les auteurs naturalistes ne s'intéressent qu'au petit peuple ?** 1 pt

❑ **a.** vrai ❑ **b.** faux

7 **Le réalisme ne s'exprime qu'en littérature ?** 1 pt

❑ **a.** vrai ❑ **b.** faux

8 **Quel est le courant pictural proche dans ses principes du naturalisme ?** 1 pt

❑ **a.** l'impressionnisme ❑ **b.** le pointillisme ❑ **c.** le fauvisme

9 **En faveur de quelle victime du système judiciaire Zola prend-il parti ?** 1 pt

❑ **a.** Callas ❑ **b.** Raquin ❑ **c.** Dreyfus

10 **Parmi ces romans, lequel n'est pas de Zola ?** 1 pt

❑ **a.** *La Curée* ❑ **b.** *La Faute de l'abbé Mouret* ❑ **c.** *Une Vie*

Total : .... /10

Si besoin → **revoir les fiches 18 à 20**

Le symbolisme

Calculez votre score en additionnant les points obtenus

Plusieurs réponses possibles

1 **À quel mouvement littéraire s'oppose le symbolisme ?** 1 pt

❑ **a.** le naturalisme ❑ **b.** le classicisme ❑ **c.** le romantisme

2 **Quel mouvement pictural a influencé les symbolistes ?** 1 pt

❑ **a.** le néoclassicisme ❑ **b.** le fauvisme ❑ **c.** l'impressionnisme

3 **Quel artiste n'est pas apparenté au mouvement symboliste ?** 1 pt

❑ **a.** Paul Verlaine ❑ **b.** Stéphane Mallarmé ❑ **c.** Alfred de Musset

4 **Verlaine n'a pas écrit :** 1 pt

❑ **a.** *Poèmes saturniens* ❑ **c.** *Romances sans paroles*

❑ **b.** *Fêtes galantes* ❑ **d.** *Illuminations*

5 **Les symbolistes privilégient le vers impair pour :** 1 pt

❑ **a.** son originalité ❑ **b.** sa musicalité ❑ **c.** sa brièveté

6 **Quelle innovation formelle n'est pas utilisée par les symbolistes ?** 1 pt

❑ **a.** le calligramme ❑ **b.** le vers libre ❑ **c.** le poème en prose

7 **Avec quel poète Verlaine entretient-il une liaison passionnée ?** 1 pt

❑ **a.** Rimbaud ❑ **b.** Musset ❑ **c.** Laforgue

8 **Rimbaud écrit tous ses poèmes avant l'âge de 21 ans :** 1 pt

❑ **a.** vrai ❑ **b.** faux

9 **Quels sont les thèmes de prédilection de Verlaine ?** 1 pt

❑ **a.** l'amour ❑ **c.** le temps
❑ **b.** la souffrance ❑ **d.** les luttes politiques

10 **Parmi ces œuvres, laquelle est de Rimbaud ?** 1 pt

❑ **a.** *Fêtes galantes* ❑ **b.** *Petits poèmes en prose* ❑ **c.** *Illuminations*

Total : .... /10

Si besoin → **revoir les fiches 21 et 22**

Le surréalisme

Calculez votre score en additionnant les points obtenus

1 **Le surréalisme naît dans les années :** 1 pt

❑ **a.** 1920 ❑ **b.** 1930 ❑ **c.** 1940

2 **Qui a inventé le terme *surréalisme* ?** 1 pt

❑ **a.** Aragon ❑ **b.** Apollinaire ❑ **c.** Breton

3 **Les surréalistes écrivent surtout :** 1 pt

❑ **a.** des sonnets ❑ **b.** des poèmes en prose ❑ **c.** des vers libres

4 **Quelle est la figure de style privilégiée par les surréalistes ?** 1 pt

❑ **a.** la métaphore ❑ **b.** l'anaphore ❑ **c.** l'oxymore

5 **Les surréalistes aiment écrire à plusieurs :** 1 pt

❑ **a.** vrai ❑ **b.** faux

6 **Parmi ces recueils poétiques, lequel est d'Éluard ?** 1 pt

❑ **a.** *Alcools* ❑ **b.** *Capitale de la douleur* ❑ **c.** *Les Yeux d'Elsa*

7 **Éluard appartient d'abord au mouvement :** 1 pt

❑ **a.** naturaliste ❑ **b.** symboliste ❑ **c.** Dada

8 **Comment se nomme la muse d'Aragon ?** 1 pt

❑ **a.** Gala ❑ **b.** Nusch ❑ **c.** Elsa Triolet

9 **Aragon est exclu du mouvement surréaliste en raison de son engagement au parti communiste :** 1 pt

❑ **a.** vrai ❑ **b.** faux

Total : .... /9

Si besoin → **revoir les fiches 23 et 24**

Fiches d'évaluation

Les mouvements littéraires après 1945

Calculez votre score en additionnant les points obtenus

Plusieurs réponses possibles

1 Quel événement historique concourt à l'engagement politique de nombreux écrivains ? 1 pt

❑ **a.** la crise de 1929 ❑ **b.** la Seconde Guerre mondiale
❑ **c.** la création de l'ONU

2 Lequel de ces romanciers appartient au Nouveau Roman ? 1 pt

❑ **a.** Sartre ❑ **b.** Camus ❑ **c.** Robbe-Grillet

3 Quel mouvement fait des contraintes formelles l'occasion d'un jeu littéraire ? 1 pt

❑ **a.** le Parnasse ❑ **b.** le Cadavre exquis ❑ **c.** l'OuLiPo

4 Qui sont les dramaturges emblématiques du théâtre de l'absurde ? 1 pt

❑ **a.** Ionesco ❑ **b.** Camus ❑ **c.** Genet ❑ **d.** Sartre

5 Le Nouveau Roman rompt souvent l'ordre chronologique des événements : 1 pt

❑ **a.** vrai ❑ **b.** faux

6 Sartre s'engage pour la décolonisation : 1 pt

❑ **a.** vrai ❑ **b.** faux

7 Quelle pièce n'a pas été écrite par Beckett ? 1 pt

❑ **a.** *Fin de partie* ❑ **c.** *Oh les beaux jours*
❑ **b.** *En attendant Godot* ❑ **d.** *Les Chaises*

8 Que dénonce *Rhinocéros* d'Ionesco ? 1 pt

❑ **a.** la toute-puissance de l'argent ❑ **b.** le manque d'engagement des intellectuels
❑ **c.** les totalitarismes

9 Dans quel genre littéraire Camus ne s'est-il pas illustré ? 1 pt

❑ **a.** le théâtre ❑ **b.** le roman ❑ **c.** la poésie

10 Quelle œuvre n'a pas été écrite par Marguerite Duras ? 1 pt

❑ **a.** *Moderato Cantabile* ❑ **b.** *Enfance* ❑ **c.** *Le Ravissement de Lol V. Stein*

11 Le sentiment de l'absurde chez Ionesco naît : 1 pt

❑ **a.** du langage mécanique
❑ **b.** du temps qui s'étire
❑ **c.** des situations comiques

12 Dans quel pays est né Marguerite Duras ? 1 pt

❑ **a.** en Belgique ❑ **b.** en indochine ❑ **c.** en Algérie

Total : ...... /12

Si besoin → **revoir les fiches 25 à 27**

Genres et objets d'étude

Calculez votre score en additionnant les points obtenus

Le roman

Plusieurs réponses possibles

1 Dans les romans et nouvelles réalistes et naturalistes, l'argent a tendance à remplacer les valeurs : 1 pt

❑ **a.** vrai ❑ **b.** faux

2 Les romanciers réalistes et naturalistes n'éprouvent aucune répugnance à parler du corps : 1 pt

❑ **a.** vrai ❑ **b.** faux

3 Le romanciers réalistes et naturalistes s'intéressent principalement au fonctionnement de la bourgeoisie : 1 pt

❑ **a.** vrai ❑ **b.** faux

4 Quelles sont les fonctions du roman classique ? 1 pt

❑ **a.** peindre l'histoire ❑ **b.** faire rêver ❑ **c.** faire rire ❑ **d.** éduquer

5 Quelles sont les fonctions du roman romantique ? 1 pt

❑ **a.** apprendre à mieux se connaître ❑ **b.** critiquer la société
❑ **c.** soulager les peines du lecteur ❑ **d.** donner des leçons de morale

6 Comment appelle-t-on un personnage qui n'a pas de qualités morales ? 1 pt

❑ **a.** un anti-héros ❑ **b.** un sous-héros

7 Quelles sont les principales fonctions des romans réaliste et naturaliste ? 1 pt

❑ **a.** mieux comprendre le réel ❑ **b.** critiquer les injustices sociales
❑ **c.** initier le lecteur au vice ❑ **d.** faire l'éloge du régime politique en place

8 Qu'appelle-t-on le « mal du siècle » dont est victime le héros romantique ? 1 pt

❑ **a.** l'absinthe ❑ **b.** la mélancolie ❑ **c.** la syphilis

9 Quelles sont les principales fonctions du Nouveau Roman ? 1 pt

❑ **a.** dégoûter le lecteur de la lecture
❑ **b.** s'interroger sur l'humanité
❑ **c.** réfléchir sur le langage
❑ **d.** participer à l'élaboration d'une société nouvelle

10 Il n'y a plus de personnage de roman depuis les années 1950 : 1 pt

❑ **a.** vrai ❑ **b.** faux

Total : .... /10

Si besoin → **revoir les fiches 28 et 29**

Calculez votre score en additionnant les points obtenus

La poésie

Plusieurs réponses possibles

1 Quel est le plus ancien poème connu du monde occidental ? **1 pt**

❑ **a.** *L'Iliade* ❑ **b.** *L'Enéide* ❑ **c.** *Les Métamorphoses*

2 Quel groupe de poètes renouvelle la langue française au XVIe siècle ? **1 pt**

❑ **a.** le Parnasse ❑ **b.** la Pléiade ❑ **c.** l'Olympe

3 Quel mouvement poétique du XIXe siècle se donne pour but la quête du Beau : **1 pt**

❑ **a.** le romantisme ❑ **b.** le Parnasse ❑ **c.** le symbolisme

4 Quel type de poème permet de délivrer un enseignement moral ? **1 pt**

❑ **a.** l'ode ❑ **b.** la ballade ❑ **c.** la fable

5 Quel type de poème est fréquemment utilisé dans la poésie de célébration (célébration de hauts faits, d'événements ou de personnes) ? **1 pt**

❑ **a.** le sonnet ❑ **b.** l'ode ❑ **c.** la ballade

Total : .... /5

Si besoin → **revoir les fiches 30 et 31**

Le théâtre

Plusieurs réponses possibles

1 À quelle époque naît le théâtre ? **1 pt**

❑ **a.** l'Antiquité ❑ **b.** le Moyen Âge ❑ **c.** la Renaissance

2 Le théâtre classique impose le respect de la règle des : **1 pt**

❑ **a.** 3 unités ❑ **b.** 4 unités ❑ **c.** 5 unités

3 Qui a écrit *La Cantatrice chauve* ? **1 pt**

❑ **a.** Anouilh ❑ **b.** Beckett ❑ **c.** Ionesco

4 On n'écrit plus de tragédies au XXe siècle : **1 pt**

❑ **a.** vrai ❑ **b.** faux

5 Le « quatrième mur » sépare : **1 pt**

❑ **a.** les coulisses de la scène ❑ **b.** le public de la scène ❑ **c.** le public de la cour

Total : .... /5

Si besoin → **revoir les fiches 32 et 33**

L'argumentation

Calculez votre score en additionnant les points obtenus

Plusieurs réponses possibles

1 Quels sont les avantages de l'argumentation directe ? 1 pt

❑ **a.** une thèse claire ❑ **b.** peu de censure ❑ **c.** des arguments visibles

2 Quels sont les genres de l'argumentation indirecte ? 1 pt

❑ **a.** l'essai ❑ **b.** la fable ❑ **c.** le conte philosophique

3 Quelles sont les caractéristiques de l'essai ? 1 pt

❑ **a.** l'usage de la 1ère personne ❑ **b.** un plan rigoureux ❑ **c.** une variété de sujets

4 Les injustices et les barbaries des hommes dits « civilisés » sont dénoncées par les humanistes : 1 pt

❑ **a.** vrai ❑ **b.** faux

5 Au XVIIe siècle, un homme ayant de l'esprit, maîtrisant l'art de la conversation et faisant preuve de savoir-vivre est appelé : 1 pt

❑ **a.** sage ❑ **b.** courtisan ❑ **c.** honnête homme

6 Quel mouvement du XIXe siècle, vouant un culte à la science, pense que l'homme va au-devant d'une vie meilleure ? 1 pt

❑ **a.** le scientisme ❑ **b.** le positivisme ❑ **c.** l'empirisme

Total : .... /6

Si besoin → **revoir les fiches 34 et 35**

Renaissance et humanisme

Plusieurs réponses possibles

1 Quel tribunal religieux s'oppose aux humanistes ? 1 pt

❑ **a.** le Vatican ❑ **b.** le Concile ❑ **c.** l'Inquisition

2 Quelle invention permet la diffusion du savoir dans toute l'Europe ? 1 pt

❑ **a.** la poste ❑ **b.** l'imprimerie ❑ **c.** le télégraphe

3 Une société idéale imaginaire permettant de réfléchir à la vie de l'homme en communauté s'appelle : 1 pt

❑ **a.** un mythe ❑ **b.** une allégorie ❑ **c.** une utopie

4 Quel mouvement littéraire est héritier de l'humanisme dans son désir de voir l'homme s'épanouir ? 1 pt

❑ **a.** le baroque ❑ **b.** le classicisme ❑ **c.** les Lumières

Total : .... /4

Si besoin → **revoir la fiche 36**

Les réécritures

Calculez votre score en additionnant les points obtenus

1 Un ouvrage dans lequel un auteur imite le style d'un autre auteur afin de faire croire qu'il a été écrit par ce dernier est : 1 pt

❑ **a.** un pastiche ❑ **b.** une parodie

2 Pourquoi Virgile réécrit-il dans *L'Énéide* certains passages de l'*Odyssée* d'Homère ? 1 pt

❑ **a.** par plaisir littéraire ❑ **b.** pour montrer sa faiblesse ❑ **c.** pour lui rendre hommage

3 Dans un pastiche, on peut modifier : 1 pt

❑ **a.** le nom des personnages ❑ **b.** l'intrigue ❑ **c.** le genre

4 Comment nomme-t-on le texte qu'un auteur réécrit ? 1 pt

❑ **a.** l'incipit ❑ **b.** le texte-source ❑ **c.** le textuel

Total : .... /4

Si besoin → **revoir la fiche 37**

Les outils de la langue

L'énonciation et l'expression de la subjectivité

Plusieurs réponses possibles

1 Comment appelle-t-on les marques de subjectivité de l'émetteur dans son message ? 1 pt

❑ **a.** les connecteurs ❑ **b.** les modalisateurs ❑ **c.** les focalisations

2 Dans la phrase « *Cet homme désagréable prétend tout savoir* ». Les modalisateurs sont : 1 pt

❑ **a.** « *désagréable* » ❑ **b.** « *prétend* » ❑ **c.** « *tout* »

3 Dans la phrase : « *Je ne pense pas qu'il viendra : il me semble fatigué en ce moment*. » Les modalisateurs sont : 1 pt

❑ **a.** « *pense* » ❑ **b.** « *me* » ❑ **c.** « *semble* »

4 Lorsque le discours a pour référence le temps et le lieu de l'énonciation, on dit que l'énoncé est : 1 pt

❑ **a.** coupé ❑ **b.** ancré

5 Lorsque le discours n'a pas pour référence le temps, le lieu et les personnages de l'énonciation, on dit que l'énoncé est : 1 pt

❑ **a.** coupé ❑ **b.** ancré

Total : .... /5

Si besoin → **revoir la fiche 38**

Les modes et les temps verbaux

Calculez votre score en additionnant les points obtenus

1 Quelle est la principale valeur du passé simple dans cette phrase de Balzac : **1 pt**
« *Au moment où Collin cherchait machinalement une issue en regardant les fenêtres et les murs, quatre hommes se montrèrent à la porte du salon* » ?

❑ **a.** action passée ❑ **b.** action soudaine ❑ **c.** action de premier plan

2 Quelle est la valeur du futur dans la phrase : « *Tu ne tueras point* » ? **1 pt**

❑ **a.** une certitude ❑ **b.** un ordre

3 Quelle est la valeur de l'imparfait dans cette phrase de Maupassant : **1 pt**
« *Elle allait à son magasin tous les jours à la même heure* » ?

❑ **a.** imparfait de description ❑ **b.** imparfait d'habitude ❑ **c.** imparfait duratif

4 Quelle est la valeur du présent dans cette phrase de Barbey d'Aurévilly : **1 pt**
« *Le plaisir est le bonheur des fous. Le bonheur est le plaisir des sages* » ?

❑ **a.** présent d'énonciation ❑ **b.** présent de vérité générale
❑ **c.** présent de narration ❑ **d.** présent d'habitude

Total : .... /4

Si besoin → **revoir la fiche 39**

Les focalisations

1 Les auteurs naturalistes adoptent toujours la focalisation zéro : **1 pt**

❑ **a.** vrai ❑ **b.** faux

2 La vision donnée par une focalisation externe est : **1 pt**

❑ **a.** subjective ❑ **b.** objective ❑ **c.** tantôt subjective, tantôt objective

3 La vision donnée par une focalisation interne est : **1 pt**

❑ **a.** subjective ❑ **b.** objective ❑ **c.** tantôt subjective, tantôt objective

4 Le narrateur personnage participe activement à l'action : **1 pt**

❑ **a.** vrai ❑ **b.** faux

Total : .... /4

Si besoin → **revoir la fiche 40**

Les paroles rapportées

Plusieurs réponses possibles

1 Dans quelle forme de discours rapporté emploie-t-on les guillemets ? **1 pt**

❑ **a.** discours direct ❑ **b.** discours indirect
❑ **c.** discours indirect libre ❑ **d.** discours narrativisé

2 Quels sont les déicitiques ? **1 pt**

❑ **a.** ici ❑ **b.** là ❑ **c.** hier matin ❑ **d.** la veille

3 **Quelle forme de discours rapporté permet au narrateur de laisser la parole aux personnages ?** **1 pt**

❑ **a.** discours direct ❑ **b.** discours indirect
❑ **c.** discours indirect libre ❑ **d.** discours narrativisé

4 **Quelles formes de discours rapporté permettent au narrateur d'inclure les paroles des personnages dans son propre discours ?** **1 pt**

❑ **a.** discours direct ❑ **b.** discours indirect
❑ **c.** discours indirect libre ❑ **d.** discours narrativisé

Total : .... /4

Si besoin → **revoir la fiche 41**

La versification

Calculez votre score en additionnant les points obtenus

1 **Le sonnet se compose de :** **1 pt**

❑ **a.** un quatrain, deux tercets ❑ **b.** un quatrain, un tercet
❑ **c.** deux quatrains, deux tercets

2 **« C'était dans la nuit brune » (Musset), ce vers compte :** **1 pt**

❑ **a.** 5 syllabes ❑ **b.** 6 syllabes ❑ **c.** 7 syllabes

3 **Une phrase commencée dans un vers et qui se finit au vers suivant est :** **1 pt**

❑ **a.** un enjambement ❑ **b.** un rejet ❑ **c.** un contre-rejet

4 **Dans « *Ah ! La belle pleine lune* » (Laforgue), combien de « *e* » se prononcent ?** **1 pt**

❑ **a.** deux ❑ **b.** trois ❑ **c.** quatre

Total : .... /4

Si besoin → **revoir la fiche 42**

Les figures de style

Plusieurs réponses possibles

1 **Une litote atténue une réalité choquante :** **1 pt**

❑ **a.** vrai ❑ **b.** faux

2 **Dans « *J'irai par la forêt / J'irai par la montagne* », il y a :** **1 pt**

❑ **a.** une anaphore ❑ **b.** un parallélisme ❑ **c.** un chiasme

3 **« *Va, cours, vole et nous venge !* » est :** **1 pt**

❑ **a.** une gradation ❑ **b.** une litote ❑ **c.** un oxymore

4 **Dans « *La neige fait au nord, ce qu'au sud fait le sable* », il y a :** **1 pt**

❑ **a.** un zeugma ❑ **b.** un oxymore ❑ **c.** un chiasme

Total : .... /4

Si besoin → **revoir la fiche 43**

Les registres littéraires

Calculez votre score en additionnant les points obtenus

1 Je recours au rire pour critiquer. Je suis le registre : 1 pt

❑ **a.** comique ❑ **b.** satirique ❑ **c.** burlesque

2 Quel registre montre le héros face à une force contre laquelle il ne peut rien ? 1 pt

❑ **a.** pathétique ❑ **b.** didactique ❑ **c.** tragique

3 Quel registre a pour but de faire partager ses sentiments au lecteur ? 1 pt

❑ **a.** lyrique ❑ **b.** pathétique ❑ **c.** comique

4 Le registre fantastique se caractérise par le choix de l'interprétation rationnelle ou irrationnelle : 1 pt

❑ **a.** vrai ❑ **b.** faux

Total : ...... /4

Si besoin → **revoir la fiche 44**

Commenter un texte narratif ou un texte descriptif

Plusieurs réponses possibles

1 À quoi reconnaît-on un texte narratif ? 1 pt

❑ **a.** aux verbes d'état ❑ **b.** aux verbes d'action
❑ **c.** aux connecteurs logiques ❑ **d.** aux connecteurs de temps

2 Dans un texte narratif, qui raconte l'histoire ? 1 pt

❑ **a.** l'auteur ❑ **b.** le narrateur ❑ **c.** le locuteur

3 Quand le narrateur résume une série d'épisodes, on parle de : 1 pt

❑ **a.** sommaire ❑ **b.** ellipse ❑ **c.** scène

4 A quoi reconnaît-on un texte descriptif ? 1 pt

❑ **a.** verbes d'état ❑ **b.** verbes d'action
❑ **c.** abondance de verbes ❑ **d.** abondance d'adjectifs qualificatifs

Total : ...... /4

Si besoin → **revoir les fiches 45 et 46**

Commenter un texte argumentatif

1 Faire adhérer le destinataire à sa thèse par l'utilisation d'arguments touchant sa raison s'appelle : 1 pt

❑ **a.** convaincre ❑ **b.** persuader ❑ **c.** délibérer

2 Faire adhérer le destinataire à sa thèse par l'utilisation d'arguments touchant son cœur s'appelle : 1 pt

❑ **a.** convaincre ❑ **b.** persuader ❑ **c.** délibérer

3 On appelle un raisonnement qui va du particulier au général : **1 pt**

❑ **a.** déductif ❑ **b.** inductif ❑ **c.** par l'absurde

4 La concession est une stratégie consistant à reconnaître le bien-fondé de certains aspects de la thèse adverse pour mieux l'attaquer ensuite : **1 pt**

❑ **a.** vrai ❑ **b.** faux

Total : .... /4

Si besoin → revoir la fiche 47

Corrigés

Histoire littéraire

L'humanisme : 1ab / 2b / 3b / 4bc / 5a / 6b / 7c / 8b / 9ac / 10abc
La Pléiade : 1b / 2c / 3c / 4ab / 5b/ 6a / 7b / 8a
Le baroque : 1a / 2b / 3b / 4bd / 5c
Le classicisme : 1b / 2a / 3b / 4ac / 5acd
Le libertinage : 1a / 2b / 3a / 4c / 5b / 6ab
Le théâtre au XVIIIe siècle : 1ab / 2b / 3c / 4a / 5a
Les Lumières : 1c / 2abc / 3b / 4c / 5abd / 6a / 7ab / 8b
Le romantisme : 1abd / 2d / 3b / 4c / 5b / 6b / 7a / 8b / 9a / 10c
Le réalisme et le naturalisme : 1a / 2c / 3b / 4b / 5b / 6b / 7b / 8a / 9c / 10c
Le symbolisme : 1a / 2c / 3c / 4d / 5b / 6a / 7a / 8a / 9abc / 10c
Le surréalisme : 1a / 2b / 3c / 4a / 5a / 6b / 7c / 8c / 9a
Les mouvements littéraires après 1945 : 1b / 2c / 3c / 4ac / 5a / 6a / 7d / 8c / 9c / 10b / 11b / 12b

Genres et objets d'étude

Le roman : 1a / 2a / 3b / 4ad / 5ac / 6a / 7ab / 8b / 9bc / 10b
La poésie : 1a / 2b / 3b / 4c / 5b
Le théâtre : 1a / 2a / 3c / 4b / 5b
L'argumentation : 1ac / 2bc / 3ac / 4a / 5c / 6b
Renaissance et humanisme : 1c / 2b / 3c / 4c
Les réécritures : 1a / 2ac / 3c / 4b

Les outils de la langue

L'énonciation et l'expression de la subjectivité : 1b / 2abc / 3ac / 4b / 5a
Les modes et les temps verbaux : 1c / 2b / 3b / 4b
Les focalisations : 1b / 2b / 3a / 4b
Les paroles rapportées : 1a / 2ac / 3a / 4bcd
La versification : 1c / 2b / 3a / 4c
Les figures de style : 1b / 2ab / 3a / 4c
Les registres littéraires : 1b / 2c / 3a / 4a
Commenter un texte narratif ou un texte descriptif : 1bd / 2b / 3a / 4ad
Commenter un texte argumentatif : 1a / 2b / 3b / 4a

N° d'éditeur : 10201861 – LINEALE – Février 2014
Imprimé en Italie par BONA SpA